해커스변호사

상법

Commercial Law

최근 3개년
판례의 脈

 해커스변호사

서문

상법 관련 시험을 준비함에 있어 판례의 중요성은 아무리 강조해도 지나치지 않습니다.

특히 최근 3년간 판례는 선택형 지문이나 사례형으로 출제될 가능성이 높은 관계로 반드시 정리해 두어야 합니다. 최근 시험의 출제 경향은 판례의 결론을 묻는데 그치지 않고 판결 이유에서 언급된 내용과 판결 결론에서 예외적인 사정으로 언급된 내용까지 출제되고 있습니다. 따라서 단순히 판례의 결론만을 암기하는 것은 효과적인 공부방법이 될 수 없습니다. 상법 판례를 공부함에 있어서는 해당 판례가 어떠한 쟁점과 관련 되는지, 다른 판례와는 어떤 연관성이 있는지를 함께 공부해야 합니다.

본 저서는 최근 3년간 상법 판례의 내용을 다루면서 각 판례에서 문제되고 있는 관련 쟁점과 관련 판례를 정리함으로써 해당 판례와 관련하여 문제될 수 있는 사항을 효과적으로 정리하였습니다.

[2025 해커스변호사 상법 최근 3개년 판례의 맥]의 특징

(1) 최신 3개년 판례의 중요 판시사항을 선택형 정지문과 같은 형식으로 요약하여 기재함으로써 선택형에 효율적으로 대비할 수 있도록 하였습니다.

(2) 사례형으로 출제가능한 판례의 경우 구체적인 사실관계를 요약하여 기재함으로써 사례형에도 대비할 수 있도록 하였습니다.

(3) 최신 3개년 이전의 판례라 하더라도 최신 3개년 판례와 관련 되는 경우 관련 쟁점 및 관련 최신 판례로 기재하여 해당 쟁점에 대한 폭넓은 학습이 가능하도록 하였습니다.

(4) 본서에 기재된 판례는 2024년 6월 15일까지 공보된 대법원 판례를 대상으로 하였습니다.

(5) 아울러 부록으로 각 최신 판례를 출제 가능한 선택형 문제 형식으로 구성하여 수험생들이 최신 판례 학습 이후 선택형 문제풀이를 통해 다시 한 번 최신 판례를 확인할 수 있도록 하였습니다. 대부분 중요 정지문이 부록의 선택형 문제에 반영되어 있으므로 선택형 문제 풀이만을 통해서도 중요 최신 판례의 내용을 효과적으로 정리할 수 있을 것입니다.

[2025 해커스변호사 상법 최근 3개년 판례의 맥]을 통하여 수험생들이 효과적으로 최신 판례를 이해하고 정리함으로써 각종 시험에서 소망하는 결과를 얻을 수 있기를 바랍니다.

2024년 7월

공태용

목차

제1편

상법총칙

제1편 | 상법총칙

01 법무법인은 의제상인에 해당하지 않음(대판 2023.7.27. 2023다227418)

■ 중요 판시사항

[1] 변호사는 상법상 당연상인으로 볼 수 없고, 변호사의 영리추구 활동을 엄격히 제한하고 직무에 고도의 공공성과 윤리성을 강조하는 변호사법 규정과 제반 사정을 참작하여 볼 때, 변호사를 상법 제5조 제1항이 규정하는 '상인적 방법에 의하여 영업을 하는 자'라고도 볼 수 없어 위 조항에서 정하는 의제상인에 해당하지 아니하며, 이는 법무법인도 마찬가지이다.

[2] 변호사법은 법무법인에 관하여 변호사법에 정한 것 외에는 상법 중 합명회사에 관한 규정을 준용하도록 하고 있을 뿐 상법상 회사로 인정하고 있지 않으므로 법무법인이 상법 제5조 제2항에서 정하는 의제상인에 해당한다고 볼 수도 없다.

[3] 따라서 변호사가 소속 법무법인에 대하여 갖는 급여채권은 상사채권으로 볼 수 없다.

■ 관련 쟁점

① 세무사를 상인으로 볼 수 없고, 세무사의 직무에 관한 채권이 상사채권이 아니므로, 세무사의 직무에 관한 채권에는 민법 제162조 제1항에 따라 10년의 소멸시효가 적용된다. 변호사, 변리사, 공증인, 공인회계사 및 법무사의 직무에 관한 채권의 소멸시효기간을 3년으로 정한 민법 제163조 제5호는 세무사 등 다른 자격사의 직무에 관한 채권에 유추적용되지 않는다(대판 2022.8.25. 2021다311111).

② 의사나 의료기관을 상인으로 볼 수 없고, 의사가 의료기관에 대하여 갖는 급여, 수당, 퇴직금 등 채권은 상사채권에 해당한다고 할 수 없다(대판 2022.5.26. 2022다200249).

③ 수산업협동조합법에 의하여 설립된 수산업협동조합은 영리 또는 투기를 목적으로 하는 업무를 행하지 못하는 것이므로 이를 상인으로 볼 수는 없다(대판 2006.2.10. 2004다70475).

④ 한국토지공사를 상인이라 할 수 없다(대판 2020.5.28. 2017다265389).

02 영업양도와 채권자취소(대판 2021.10.28. 2018다223023)

■ 중요 판시사항

영업양도 목적이 채무변제 또는 변제자력을 얻기 위한 것이고 대금이 부당한 염가가 아니며 실제 이를 변제에 사용하거나 변제자력을 유지하고 있는 경우 채무자가 일부 채권자와 통모하여 다른 채권자를 해칠 의사를 가지고 영업양도를 하는 등의 특별한 사정이 없는 한, 사해행위에 해당한다고 볼 수 없다.

■ 관련 쟁점

① 영업양도란 일정한 영업목적에 의해 조직화된 물적·인적 조직을 동일성을 유지하며 이전하는 것으로서, 당사자 간의 명시적 또는 묵시적 계약이 있어야 한다(대판 1997.6.24. 96다2644).(모의 16, 19)

② 채무자가 영업을 양도함으로써 채무초과상태에 이르거나 이미 채무초과상태에 있는 것을 심화시킨 경우, 영업양도는 채권자취소권의 대상이 된다(대판 2015.12.10. 2013다84162).(모의 16)

③ 채무자의 영업양도가 사해행위에 해당하고, 영업양수인이 명의대여자로부터 명의를 차용하여 영업재산인 상가 임차인 명의, 영업수입계좌 명의 등을 명의대여자의 명의로 한 경우, 채권자가 명의대여자에게 사해행위 취소소송을 제기할 수 없다(대판 2022.10.27. 2017다278330).

④ 영업 출자로 주식회사를 설립하고 상호를 계속 사용하는 경우, 영업양도는 아니나 출자목적이 된 영업개념이 동일하고 법률행위에 의한 영업이전이라는 점에서 영업양도와 유사하며 채권자의 입장에서는 외형상 양도와 출자를 구분하기 어려우므로 설립된 법인은 제42조 제1항의 규정의 유추적용에 의해 출자자의 채무를 변제할 책임이 있다(대판 1996.7.9. 96다13767).(변호 21, 모의 14, 16)

03 영업양도인의 경업금지의무(대판 2022.11.30. 2021다227629)

■ 중요 판시사항

[1] 영업양도계약에서 경업금지에 관하여 정함이 없는 경우 영업양수인은 영업양도인에 대해 상법 제 41조 제1항에 근거하여 경업금지청구권을 행사할 수 있다.

[2] 영업양도계약에서 경업금지청구권의 양도를 제한하는 등의 특별한 사정이 없다면 양도된 영업이 다시 동일성을 유지한 채 전전양도될 때 영업양수인의 경업금지청구권은 영업재산의 일부로서 영 업과 함께 그 뒤의 영업양수인에게 전전양도되고, 그에 수반하여 지명채권인 경업금지청구권의 양 도에 관한 통지권한도 전전이전된다.

사실관계

A는 고양시에서 커피점을 운영하던 중 2017.3. 무렵 위 커피점 영업을 B에게 양도하였는데, 경업금지에 관해서 는 별도로 약정하지 않았다. 그 후 B는 2019.3.27. 위 영업을 C에게 양도하였고, C는 2019.7.10. 위 영업을 D에게 양도하였으며, D는 2019.7.10.부터 현재까지 위 커피점을 운영하고 있다. 그런데 A는 2019.10. 무렵 위 커피점이 있는 건물의 다른 층에서 커피점을 운영하고 있다. 이에 D는 A를 상대로 경업금지 및 손해배상을 청구하였다.

■ 관련 쟁점

① 영업양도의 경우 다른 약정이 없으면 양도인은 10년간 동일 특·광·시·군과 인접 특·광·시·군 에서 동종영업을 하지 못한다(제41조 제1항).(변호 12, 13, 20)

② 양도인이 동종영업을 하지 않을 것을 약정한 때에는 동일 특·광·시·군과 인접 특·광·시·군에 한하여 20년을 초과하지 않는 범위 내에서 그 효력이 있다(제41조 제2항).(모의 15)

③ 경업금지지역으로서의 동일 또는 인접 지역인지 여부는 양도된 물적 설비가 있던 지역이 아니라 영업양도인의 통상적인 영업활동 지역을 기준으로 한다(대판 2015.9.10. 2014다80440).

④ 상업사용인이 경업금지의무를 부담하는 영업주의 영업부류에 속한 거래에는 보조적 상행위는 제외 된다.(모의 16)

⑤ 당사자 간의 특약으로 상법 제41조 제1항에서 정한 영업양도인의 경업금지의무를 완화 또는 강화 할 수 있다(서울북부지법 2023.10.26. 2023가단132791).

04 영업양도인의 채권자의 선의(대판 2022.4.28. 2021다305659)

■ 중요 판시사항

[1] 양수인에 의하여 속용되는 명칭이 상호 자체가 아닌 옥호 또는 영업표지인 때에도 그것이 영업주체를 나타내는 것으로 사용되는 경우에는 채권자가 영업주체의 교체나 채무인수 여부 등을 용이하게 알 수 없다는 점에서 일반적인 상호속용의 경우와 다를 바 없으므로, 양수인은 특별한 사정이 없는 한 상법 제42조 제1항의 유추적용에 의하여 그 채무를 부담한다.(변호 20, 24)

[2] 영업양도에도 불구하고 채무인수의 사실이 없다는 것을 알고 있는 악의의 채권자에 대하여는 상법 제42조 제1항에 따른 책임이 발생하지 않는다.

[3] 채권자가 악의라는 점에 대한 주장·증명책임은 그 책임을 면하려는 영업양수인에게 있다.(변호 24)

[4] 채권자가 영업양도 무렵 채무인수 사실이 없음을 알지 못한 경우 특별한 사정이 없는 한 상법 제42조 제1항에 따른 영업양수인의 책임이 발생하고, 이후 채권자가 채무인수 사실이 없음을 알게 되었다고 하더라도 이미 발생한 영업양수인의 변제책임이 소멸하는 것은 아니다.

[5] 영업양도로부터 7개월이 지난 무렵 채권자가 영업양수인의 채무불인수 사실을 알았더라도 영업양수인의 변제책임이 발생한다.

■ 관련 쟁점

① 상호속용 영업양수인의 책임을 인정하기 위해 요구되는 채권자의 선의의 대상은 채무인수가 없었다는 것을 의미한다. 채권자가 영업양도 사실을 알았더라도 채무인수가 없었다는 사실을 몰랐다면 선의의 채권자에 해당된다.

② 영업임대차의 경우에는 ㉠ 법률 규정이 없고, ㉡ 영업재산의 소유권이 임대인에게 유보되어 있어서 임차인에게 변제책임을 부담시킬 필요가 없고, ㉢ 양수인의 책임은 그의 전 재산에 미치므로, 제42조 제1항을 유추적용할 수 없다(대판 2016.8.24. 2014다9212).(변호 16, 20)

상호속용 영업양수인의 부진정연대책임(대판 2023.12.7. 2020다225138)

■ 중요 판시사항

[1] 상법 제42조 제1항에 기한 영업양수인의 책임은 당사자의 의사나 인식과 관계없이 발생하는 법정책임으로서, 상호를 속용하는 영업양수인은 상법 제42조 제1항에 의하여 영업양도인의 채권자에 대한 영업상 채무를 중첩적으로 인수하게 된다.

[2] 상법 제42조 제1항에 따른 채무는 같은 경제적 목적을 가진 채무로서 서로 중첩되는 부분에 관한 일방의 채무가 변제 등으로 소멸하면 다른 일방의 채무도 소멸하는 이른바 부진정연대의 관계에 있다.

[3] 따라서 채권자가 영업양도인을 상대로 확정판결을 받아 소멸시효가 중단되거나 소멸시효 기간이 연장된 뒤 영업양도가 이루어졌다면 소멸시효 중단이나 소멸시효 연장의 효과는 상호를 속용하는 영업양수인에게 미친다.

[4] 이와 달리 채권자가 영업양도 이후에 영업양도인을 상대로 확정판결을 받았다면 영업양도인에 대한 관계에서의 소멸시효 중단 또는 소멸시효 기간 연장의 효과는 상호를 속용하는 영업양수인에게 미치지 않는다.

사실관계

A은행은 2008.12.11. B회사에게 기업운전자금 5억 원을 대출하였다. 위 대출금의 변제기는 2011.12.11.이다. B회사는 자신의 영업을 2013.1.4. 설립등기가 된 C회사에게 위 설립등기일에 양도하였다. B회사가 변제기에 대출금을 변제하지 못하자 A은행은 2016.6.27. B회사를 상대로 지급명령을 신청하였고, 위 지급명령은 2016.10.11. 확정되었다. A은행은 2018.7.31. C회사를 상대로 위 대출금 5억 원과 지연손해금의 지급을 구하는 소를 제기하였다. 이에 C회사는 상사소멸시효 완성을 주장하였고, A은행은 지급명령 확정에 따라 소멸시효기간이 10년으로 연장되었다고 주장하였다.

☞ 실제 사안의 원심에서는 ① B회사가 폐업한 후 C회사를 설립한 행위가 영업양도에 해당한다는 판단과 ② 상호의 주요 부분이 일치하므로 상호 속용에 해당한다는 판단도 함께 이루어졌고, ③ 영업양수인의 채무는 영업양도인의 채무와 동일하므로 영업양수인이 부담하는 채무의 소멸시효기간과 기산점은 영업양도인의 채무와 동일하게 보아야 한다는 점에 대한 판단도 이루어졌다.

■ 관련 쟁점

① 채권자가 영업양도인에 대한 채권을 타인에게 양도했다는 사정만으로 영업양수인에 대한 채권까지 당연히 함께 양도된 것이라고 단정할 수 없고, 함께 양도된 경우라도 채권양도의 대항요건은 채무자별로 갖추어야 한다(대판 2009.7.9. 2009다23696).

② 채권자가 양수인의 재산에 강제집행을 하기 위해서는 양도인과 양수인 양자를 공동피고로 제소하여 각자에 대한 집행권원을 취득하여야 하고, 영업양도인에 대한 채무명의로써 바로 양수인의 소유재산에 대하여 강제집행을 할 수 없다(대판 1967.10.31. 67다1102).

③ 상호속용 영업양수인은 양도인의 영업자금과 관련한 피보증인의 지위를 승계하지는 않는다(대판 2020.2.6. 2019다270217).

④ 상호속용 영업양수인이 책임지는 제3자의 채권은 영업양도 당시 변제기가 도래할 필요는 없더라도 그 당시까지 발생한 것이어야 하고, 영업양도 당시로 보아 가까운 장래에 발생 될 것이 확실한 채권도 양수인이 책임져야 한다고 볼 수 없다(대판 2020.2.6. 2019다270217).(번호 21)

⑤ 상호속용 영업양수인이 변제책임을 지는 채무는 양도인의 영업으로 인한 채무로서 영업양도 전에 발생한 것이면 족하고, 반드시 영업양도 당시의 상호를 사용하는 동안 발생한 채무에 한하는 것은 아니다(대판 2010.9.30. 2010다35138).

합격을 꿈꾼다면, 해커스변호사
law.Hackers.com

제2편

상행위

제2편 | 상행위

2025 해커스변호사 상법 최근 3개년 판례의 맥

01 상사채권에 대한 지연손해금의 상사법정이자율(대판 2022.12.1. 2022다258248)

■ 중요 판시사항

[1] 원본채권이 상행위로 인한 채권일 경우 그 지연손해금도 상행위로 인한 채권이고 판결에 의해 권리의 실체적인 내용이 바뀌는 것은 아니다.

[2] 이행판결이 확정된 지연손해금에도 채권자의 이행청구에 의해 지체책임이 생긴다.

[3] 상행위로 인한 원본채권 및 그에 대한 지연손해금 지급을 명하는 이행판결이 확정된 경우 확정판결에서 지급을 명한 지연손해금도 상행위로 인한 채권이므로, 그 지연손해금에 대하여는 상법 제54조에 정한 상사법정이율인 연 6%의 비율을 적용하여야 한다.

■ 관련 쟁점

① 상인이 기본적 영업활동을 종료하거나 폐업신고를 하였더라도 청산사무나 잔무처리 행위 역시 영업을 위한 행위로서 보조적 상행위로 볼 수 있다. 피고들이 폐업신고 이후 원고에게 이 사건 대여금채권에 관하여 공정증서를 작성하여 준 행위는 유체동산 가압류에 대한 대응 및 폐업에 따른 청산사무 또는 잔무를 처리하는 보조적 상행위에 해당한다고 볼 수 있다(대판 2021.12.10. 2020다295359).

② 음식점업을 영위하는 상인이 부동산중개업을 영위하는 상인에게 금원을 대여한 행위는 상법 제47조 제2항에 의하여 영업을 위하여 하는 것으로 추정되고, 그 금전대여행위가 상호 고율의 이자소득을 얻기 위한 목적으로 행하여졌다는 사정만으로는 위 추정이 번복된다고 볼 수 없다(대판 2008.12.11. 2006다54378).(변호 14)

③ 상인이 영업과 상관없이 개인 자격에서 돈을 투자하는 행위는 상인의 기존 영업을 위한 보조적 상행위로 볼 수 없다(대판 2018.4.24. 2017다205127).

④ 이익배당이나 중간배당은 회사 이익을 내부적으로 주주에게 분배하는 행위로서 회사가 영업으로 또는 영업을 위하여 하는 상행위가 아니다(대판 2021.6.24. 2020다208621).

02 기부채납 약정에 따른 채권의 소멸시효(대판 2022.4.28. 2019다272053) (변호 23)

■ 중요 판시사항

[1] 당사자 쌍방에 대하여 모두 상행위가 되는 행위로 인한 채권뿐만 아니라 당사자 일방에 대하여만 상행위에 해당하는 행위로 인한 채권도 상사채권에 해당한다.(변호 23, 모의 13, 16, 19, 20)

[2] 이 경우 상행위에는 상법 제46조 각호에 해당하는 기본적 상행위뿐만 아니라 상인이 영업을 위하여 하는 보조적 상행위도 포함되고, 상인이 영업을 위하여 하는 행위는 상행위로 보되 상인의 행위는 영업을 위하여 하는 것으로 추정된다.

[3] 기부자가 상인인 경우 지방자치단체와 그 기부자 사이에 체결된 기부채납 약정은 다른 사정이 없는 한 상인이 영업을 위하여 한 보조적 상행위에 해당하므로, 그러한 기부채납 약정에 근거한 채권에는 5년의 상사 소멸시효기간이 적용된다.(변호 23)

> **관련판례** (대판 2022.7.14. 2017다242232)
>
> ① 매매계약이 상행위인 경우 매도인의 채무불이행책임이나 하자담보책임에 기한 매수인의 손해배상채권에 대해서도 상사소멸시효가 적용된다.
>
> ② 상인이 부동산을 매도하기 위해 체결한 매매계약은 영업을 위하여 한 것으로 추정되고, 이러한 추정은 매매계약이 토지보상법에 의한 협의취득이라는 사정으로 번복되지 않는다.
>
> ③ 한국토지주택공사가 회사로부터 토지보상법에 따른 협의취득 절차로서 매수한 토지에 하자가 있다고 주장하면서 제기한 손해배상청구에 상사소멸시효가 적용된다.

03 투자계약에 따른 주식매수청구권의 제척기간(대판 2022.7.14. 2019다271661)

■ 중요 판시사항

[1] 투자계약에서 당사자 일방이 상대방에게 자신이 보유한 주식의 매수를 청구하면 주식매매계약이 체결되는 것으로 정한 경우 이러한 주식매수청구권은 일방의 의사표시에 따라 매매계약이라는 새로운 법률관계를 형성하는 권리로서 형성권에 해당한다.

[2] 상행위인 투자계약에서 투자대상회사의 의무불이행이 있는 경우 투자자에게 다른 주주를 상대로 한 주식매수청구권을 부여하는 경우, 이러한 주식매수청구권은 상행위인 투자계약 당사자가 달성하고자 하는 목적과 밀접한 관련이 있고, 그 행사로 성립하는 매매계약 또한 상행위에 해당하므로, 주식매수청구권은 상사소멸시효에 관한 상법 제64조를 유추적용하여 5년의 제척기간이 지나면 소멸한다.

[3] 투자 관련 계약에서 투자대상회사 등의 의무불이행이 있는 때에 투자자가 형성권인 주식매수청구권을 행사할 수 있다고 정한 경우 특별한 사정이 없는 한 그 행사기간은 투자대상회사 등의 의무불이행이 있는 때부터 기산한다.

04 부당이득반환청구권과 상사 소멸시효 (대판 2021.8.19. 2018다258074)

■ 중요 판시사항

[1] 실제로 발생하지 않은 보험사고의 발생을 가장하여 청구·수령된 보험금 상당 부당이득반환청구권의 경우 상법 제64조가 유추적용되어 5년의 상사 소멸시효기간에 걸린다.

[2] 상행위인 계약의 무효로 인한 부당이득반환청구권은 민법 제741조의 부당이득 규정에 따라 발생한 것으로서 특별한 사정이 없는 한 10년의 민사 소멸시효기간이 적용된다.

[3] 부당이득반환청구권이 상행위인 계약에 기초하여 이루어진 급부 자체의 반환을 구하는 것으로서 법률관계를 상거래와 같이 신속하게 해결할 필요성이 있는 경우 5년의 상사 소멸시효기간에 걸린다.

관련판례

① 보험계약자가 다수의 계약을 통하여 보험금을 부정 취득할 목적으로 보험계약을 체결하여 그것이 민법 제103조에 따라 선량한 풍속 기타 사회질서에 반하여 무효인 경우 보험자의 보험금에 대한 부당이득반환청구권은 상법 제64조를 유추적용하여 5년의 상사 소멸시효기간이 적용된다 (대판 2021.7.22. 2019다277812 전합).
   (변호 23)

② 보험회사가 보험수익자인 피고를 상대로 보험계약자 겸 피보험자인 A의 과잉입원을 원인으로 수령한 보험금에 대한 부당이득반환청구는 5년의 상사소멸시효가 적용된다 (대판 2021.8.19. 2019다269354).

③ 사업장 마련을 위해 전대차계약을 체결하고자 권리금과 보증금을 지급하였으나 끝내 계약이 성립되지 않은 경우 그 권리금과 보증금 반환채권은 상행위인 계약의 불성립으로 인한 부당이득반환청구권에 해당하므로 상행위인 계약의 무효로 인한 부당이득반환청구권과 마찬가지로 상사 소멸시효기간이 적용되거나 유추적용된다 (대판 2021.9.9. 2020다299122).

④ 甲주식회사가 채무자 재산에 관한 경매사건 배당절차에서 가지는 권리를 乙이 침해하였다고 주장하며 乙이 수령한 배당금에 대하여 부당이득반환을 청구하는 경우, 이러한 부당이득반환청구권은 상행위인 계약에 기초하여 이루어진 급부 자체의 반환을 구하는 것이 아니고, 甲회사와 乙의 법률관계를 상거래 관계와 같은 정도로 신속하게 해결할 필요성이 없으므로 10년의 민사소멸시효기간이 적용되어야 한다 (대판 2019.9.10. 2016다271257).

05 근로계약상 보호의무위반에 따른 근로자의 손해배상청구권의 민사소멸시효

(대판 2021.8.19. 2018다270876)

■ 중요 판시사항

[1] 근로계약상 보호의무 위반에 따른 근로자의 손해배상청구권은 특별한 사정이 없는 한 10년의 민사 소멸시효기간이 적용된다.

[2] 사용자가 근로계약에 수반되는 신의칙상 보호의무를 위반하여 근로자에게 손해를 입힘으로써 발생한 근로자의 손해배상청구와 관련된 법률관계는 그 성질상 정형적이고 신속하게 해결할 필요가 있다고 보기 어렵다.

■ 관련 쟁점

① 단체협약에 기한 근로자의 유족들의 회사에 대한 위로금채권에 5년의 상사소멸시효기간이 적용된다 (대판 2006.4.27. 2006다1381).(모의 21)

② 주채무자에 대한 확정판결에 의하여 단기소멸시효에 해당하는 주채무의 소멸시효기간이 10년으로 연장된 상태에서 주채무를 보증한 경우, 특별한 사정이 없는 한 보증채무에 대하여는 민법 제163조 각 호의 단기소멸시효가 적용될 여지가 없고, 성질에 따라 보증인에 대한 채권이 민사채권인 경우에는 10년, 상사채권인 경우에는 5년의 소멸시효기간이 적용된다(대판 2014.6.12. 2011다76105).(변호 18, 모의 20)[모의 18]

③ 주식회사의 이사 또는 감사의 회사에 대한 임무해태로 인한 손해배상책임은 일반불법행위 책임이 아니라 위임관계로 인한 채무불이행 책임이므로 그 소멸시효기간은 일반채무의 경우와 같이 10년 이라고 보아야 한다(대판 1985.6.25. 84다카1954).(변호 13)

06 위법배당에 따른 부당이득반환청구권의 소멸시효(대판 2021.6.24. 2020다208621)

(변호 22, 23, 모의 22(2))

■ 중요 판시사항

[1] 이익배당이나 중간배당은 회사 이익을 내부적으로 주주에게 분배하는 행위로서 회사가 영업으로 또는 영업을 위하여 하는 상행위가 아니므로 배당금지급청구권은 상행위로 인한 채권이라고 볼 수 없다.

[2] 위법배당에 따른 부당이득반환청구권은 10년의 민사소멸시효에 걸린다.

■ 관련 쟁점

① 회사는 이익배당의 결의를 한 날부터 1개월 내에 이익배당을 하여야 한다. 다만, 주주총회 또는 이사회에서 배당금의 지급시기를 따로 정한 경우에는 그러하지 아니하다(제464조의2 제1항).(모의 22)

② 주주의 배당금의 지급청구권은 5년간 이를 행사하지 아니하면 소멸시효가 완성한다(제464조의2 제2항).(변호 23)

③ 연 1회의 결산기를 정한 회사는 영업년도 중 1회에 한하여 이사회의 결의로 일정한 날을 정하여 그 날의 주주에 대하여 이익을 배당할 수 있음을 정관으로 정할 수 있다(제462조의3 제1항).(변호 13, 23, 24, 모의 18, 19, 20)

④ 주식배당을 받은 주주는 주식배당 결의가 있는 주주총회가 종결한 때부터 주주 지위를 취득한다(제462조의2 제4항).(변호 18, 21, 모의 21)

07 상인의 행위는 영업을 위하여 하는 것으로 추정된다는 상법 제46조 제2항 관련

입증책임(대판 2024.3.12. 2021다309927)

■ 중요 판시사항

[1] 회사는 상행위를 하지 않더라도 상인으로 보고, 상인이 영업을 위하여 하는 행위는 상행위로 보며, 상인의 행위는 영업을 위하여 하는 것으로 추정된다. 그러므로 회사가 한 행위는 그 영업을 위하여 한 것으로 추정되고, 회사가 그 영업을 위하여 하는 행위는 상행위로 보아야 한다.

[2] 이와 같은 추정을 번복하기 위해서는 회사의 행위가 영업을 위하여 한 것이 아니라는 사실을 주장하는 사람이 이를 증명할 책임이 있다.

08 유질약정의 실행방법과 절차(대판 2021.11.25. 2018다304007)

■ 중요 판시사항

[1] 유질약정이 포함된 질권설정계약이 체결된 경우 질권 실행 방법이나 절차는 원칙적으로 질권설정계약에서 정한 바에 따른다.

[2] 채권자가 비상장주식에 대한 유질약정에 따라 일반적인 비상장주식 가격산정방식 중 하나를 채택하여 처분가액을 산정한 이상, 나중에 합리적 가격이 아니었다고 인정되더라도, 채권자와 채무자 사이에서 피담보채무의 소멸 범위나 초과액의 반환 여부, 손해배상 등이 문제될 뿐 채권자와 처분 상대방 사이에서 채권자의 처분행위 자체는 유효하다.

■ 관련 쟁점

① 상행위로 인한 채권을 담보하는 질권에는 유질계약이 가능하다(제59조).(모의 13, 19)

② 상법상 유질계약은 질권설정자가 상인이 아니어도 되고, 일방적 상행위로 생긴 채권을 담보하기 위한 질권에도 유질계약이 가능하다(대판 2017.7.18. 2017다207499).(변호 20, 모의 20)

③ 상법상 유질계약의 성립이 인정되려면 별도의 명시적 또는 묵시적 약정이 요구된다(대판 2008.3.14. 2007다11996).(변호 20, 모의 20)

09 상사유치권 소멸의 범위(대판 2022.6.16. 2018다301350)

■ 중요 판시사항

[1] 유치물은 그 각 부분으로써 피담보채권의 전부를 담보하고, 이와 같은 유치권의 불가분성은 그 목적물이 분할 가능하거나 수개의 물건인 경우에도 적용되며, 상법 제58조의 상사유치권에도 적용된다.

[2] 하나의 채권을 피담보채권으로 하여 여러 필지의 토지에 대하여 유치권을 취득한 유치권자가 그 중 일부 필지의 토지에 대하여 선량한 관리자의 주의의무를 위반하였다면 특별한 사정이 없는 한 위반행위가 있었던 필지의 토지에 대하여만 유치권 소멸청구가 가능하다.

■ 관련 쟁점

① 상인간의 상행위로 인한 채권이 변제기에 있는 때에는 채권자는 변제를 받을 때까지 그 채무자에 대한 상행위로 인하여 자기가 점유하고 있는 채무자 소유 물건 또는 유가증권을 유치할 수 있다(제58조 본문). 그러나 당사자 간에 다른 약정이 있으면 그러하지 아니하다(제58조 단서).

② 채무자 소유 부동산에 이미 선행저당권이 설정되어 있는 상태에서 상사유치권이 성립한 경우, 상사유치권자는 채무자 및 그 이후 채무자로부터 부동산을 양수하거나 제한물권을 설정받는 자에게는 대항할 수 있지만, 선행저당권자 또는 선행저당권에 기한 임의경매절차에서 부동산을 취득한 매수인에 대한 관계에서는 상사유치권으로 대항할 수 없다.(변호 14, 21, 모의 14, 16, 17, 21, 22)

③ 상사유치권을 당사자 간의 특약으로 배제하는 것도 가능하고, 이러한 상사유치권 배제의 특약은 묵시적 약정에 의해서도 가능하다(대판 2012.9.27. 2012다37176).(변호 14, 모의 16, 17, 21)[모의 21]

10 계속적 거래에서 이루어진 대금공제와 채무승인(대판 2022.5.26. 2021다271732)

■ 중요 판시사항

상인간의 계속적 거래 과정에서 이루어진 상호 물품대금과 가공비 공제의 경우 물품대금채권에 대한 채무승인이 있었다고 볼 수 있다.

■ 관련 쟁점

① 상호계산이란 상인간 또는 상인과 비상인간에 상시 거래관계가 있는 경우 일정기간의 거래로 인한 채권채무의 총액에 관하여 상계하고 그 잔액을 지급할 것을 내용으로 하는 계약을 말한다(제72조). (변호 12, 17, 19)

② 상호계산에 편입된 채권에 대해서는 이행지체와 소멸시효 진행이 발생하지 않고, 편입되지 않은 채권과 편입된 채권 사이의 상계가 허용되지 않는다.

③ 어음 기타의 상업증권으로 인한 채권채무를 상호계산에 포함시킨 경우 그 증권채무자가 변제하지 아니한 때에는 그 채무의 항목을 상호계산에서 제거할 수 있다(제73조).(변호 19)

④ 상호계산의 경우 상계로 인한 잔액에 대하여는 채권자는 계산폐쇄일 이후의 법정이자를 청구할 수 있다(제76조 제1항).

■ 중요 판시사항

[1] 운송인이 송하인에게 선하증권을 발행·교부하는 경우 송하인은 선하증권 최초의 정당한 소지인이 되고, 그로부터 배서의 연속이나 그 밖에 다른 증거방법에 의하여 실질적 권리를 취득하였음을 증명하는 자는 그 정당한 소지인으로서 선하증권상의 권리를 행사할 수 있다.

[2] 송하인 또는 선하증권에 관하여 실질적 권리를 취득한 자로부터 담보 목적으로 선하증권을 취득한 자도 그 정당한 소지인으로서 선하증권에 화체된 권리를 행사할 수 있다.

[3] 선하증권을 발행한 운송인이 선하증권과 상환하지 아니하고 운송물을 선하증권 소지인이 아닌 자에게 인도함으로써 운송물에 관한 선하증권 소지인의 권리를 침해한 경우 고의 또는 중대한 과실에 의한 불법행위가 성립하고, 불법행위로 인한 손해배상청구권은 선하증권에 화체되어 선하증권 소지인에게 이전된다.

[4] 따라서 선하증권의 정당한 소지인은 선하증권과의 상환 없이 운송물이 인도됨으로써 불법행위가 성립하는 경우, 운송인 또는 운송인과 함께 그와 같은 불법행위를 저지른 공동불법행위자를 상대로 손해배상청구를 할 수 있다.

12 공중접객업자의 숙박시설이 화재로 훼손된 경우 고객의 손해배상책임 부정

(대판 2023.11.2. 2023다244895)

■ 중요 판시사항

[1] 임대차 목적물이 화재로 소멸됨으로써 임차인의 목적물 반환의무가 이행불능이 된 경우, 임차인은 이행불능이 자기가 책임질 수 없는 사유로 인한 것이라는 증명을 하지 못하면 목적물 반환의무의 이행불능으로 인한 손해배상책임을 진다. 이러한 법리는 반환된 임차 건물이 화재로 훼손되었음을 이유로 손해배상을 구하는 경우에도 동일하게 적용된다.

[2] 숙박계약은 숙박업자가 고객에게 객실을 제공하여 일시적으로 사용할 수 있도록 하고, 고객은 숙박업자에게 사용 대가를 지급하는 것을 내용으로 한다는 점에서 임대차계약과 유사하다. 그러나 숙박계약에 대한 임대차 법리의 적용 여부와 범위는 숙박계약의 특수성을 고려하여 개별적으로 판단하여야 한다.

[3] 임대차 목적물에 화재가 발생한 경우 화재가 임대인의 귀책사유로 인한 것이거나 임대인의 지배 영역에서 발생하였다는 등의 사정이 없는 한 화재로 인한 목적물 반환의무의 이행불능으로 인한 손해는 임차인의 부담으로 귀속된다.

[4] 숙박업자와 고객의 관계는 통상적인 임대인과 임차인의 관계와는 다르다. 숙박업자는 고객에게 객실을 사용·수익하게 하는 것을 넘어서서 고객이 안전하고 편리하게 숙박할 수 있도록 시설 및 서비스를 제공하고 고객의 안전을 배려할 보호의무를 부담한다. 숙박업자가 고객에게 객실을 제공하여 일시적으로 이를 사용·수익하게 하더라도 객실을 비롯한 숙박시설에 대한 점유는 그대로 유지하는 것이 일반적이다.

[5] 그러므로 객실을 비롯한 숙박시설은 특별한 사정이 없는 한 숙박기간 중에도 고객이 아닌 숙박업자의 지배 아래 놓여 있다고 보아야 한다. 그렇다면 임차인이 임대차기간 중 목적물을 직접 지배함을 전제로 한 임대차 목적물 반환의무 이행불능에 관한 법리는 이와 전제를 달리하는 숙박계약에 그대로 적용될 수 없다. 고객이 숙박계약에 따라 객실을 사용·수익하던 중 발생 원인이 밝혀지지 않은 화재로 인하여 객실에 발생한 손해는 특별한 사정이 없는 한 숙박업자의 부담으로 귀속된다고 보아야 한다.

■ 관련 쟁점

① 공중접객업자는 자기 또는 그 사용인이 고객으로부터 임치 받은 물건의 보관에 관하여 주의를 게을리하지 아니하였음을 증명하지 못하면 그 물건의 멸실 또는 훼손으로 인한 손해를 배상하여야 한다(제152조 제1항).(변호 17, 모의 17, 23)

② 공중접객업자가 주차장에 차량출입통제시설이나 인원을 따로 두지 않았다면, 투숙객이 공중접객업자에게 주차사실을 고지하거나 차량열쇠를 보관시키는 등 명시적·묵시적인 방법으로 주차차량 관리를 맡겼다는 사정이 없는 한, 공중접객업자에게 선관주의로 주차차량을 관리할 책임이 있다고 할 수 없다(대판 1998.12.8. 98다37507).(변호 24)[모의 21]

③ 공중접객업자는 고객으로부터 임치받지 않은 경우에도 고객의 시설 내 휴대 물건이 공중접객업자 또는 사용인의 과실로 멸실, 훼손된 경우 손해배상책임을 부담한다(제152조 제2항).(변호 17, 19, 24)

④ 고객휴대물에 대하여 책임이 없음을 알린 것만으로는 공중접객업자의 책임이 면제되지 않는다(제152조 제3항).(변호 17, 19)

⑤ 공중접객업자책임과 고가물책임은 공중접객업자가 임치물을 반환하거나 고객이 휴대물을 가져간 후 6개월이 지나면 소멸시효가 완성한다(제154조 제1항). 물건이 전부 멸실된 경우 고객이 시설에서 퇴거한 날부터 기산한다(제154조 제2항). 공중접객업자나 그 사용인이 악의인 경우, 5년의 상사 소멸시효가 적용된다(제154조 제3항).

⑥ 숙박업자는 고객의 안전을 배려하여야 할 보호의무를 지며 이러한 의무는 숙박계약의 특수성을 고려하여 신의칙상 인정되는 부수적 의무로서 숙박업자가 이를 위반하여 고객의 생명, 신체를 침해하여 손해를 입힌 경우 불완전이행으로 인한 채무불이행책임을 진다(대판 1994.1.28. 93다43590). (변호 17, 24)

13 가맹업 (대판 2022.5.26. 2021다300791)

■ 중요 판시사항

[1] 가맹본부가 예상매출액 범위 최저액을 과다 산정한 '예상매출액 산정서'를 제공한 행위로 인하여 가맹점주들이 잘못된 정보를 바탕으로 가맹계약을 체결한 경우 가맹본부는 그로 인한 가맹점주들의 손해를 배상할 책임이 있다.

[2] 이 경우 가맹점주들의 손해에는 가맹점주들이 가맹점을 운영하면서 발생한 영업손실(매출로 충당되지 아니한 가맹점 운영 지출비용) 손해도 포함되어야 한다.

> **관련판례**
>
> 가맹점사업자에게 계약갱신요구권이 인정되지 않는다는 이유만으로 가맹본부의 갱신거절이 가맹사업법상 '불이익을 주는 행위'에 해당하지 않는다고 볼 수는 없다(대판 2021.9.30. 2020두48857).

■ 관련 쟁점

① 가맹계약상 존속기간에 대한 약정의 유무와 관계없이 부득이한 사정이 있으면 각 당사자는 상당한 기간을 정하여 예고한 후 가맹계약을 해지할 수 있다(제168조의10).(모의 19)

② 가맹상은 가맹업자의 동의를 받아 그 영업을 양도할 수 있고, 가맹업자는 특별한 사유가 없으면 가맹상의 영업양도에 동의하여야 한다(제168조의9).(변호 21, 모의 19)

③ 가맹업자는 다른 약정이 없으면 가맹상의 영업지역 내에서 동일 또는 유사한 업종의 영업을 하거나, 동일 또는 유사한 업종의 가맹계약을 체결할 수 없다(제168조의7 제2항).(변호 21, 모의 14, 19)

제3편

회사법

01 법인격부인과 법인격남용 (대판 2024.3.28. 2023다265700)

■ 중요 판시사항

[1] 기존회사가 채무를 면탈하기 위하여 기업의 형태·내용이 실질적으로 동일한 신설회사를 설립하였다면, 신설회사의 설립은 기존회사의 채무면탈이라는 위법한 목적 달성을 위하여 회사제도를 남용한 것에 해당한다.

[2] 이러한 경우에 기존회사의 채권자에 대하여 위 두 회사가 별개의 법인격을 갖고 있음을 주장하는 것은 신의성실의 원칙상 허용될 수 없으므로, 기존회사의 채권자는 두 회사 어느 쪽에 대하여도 채무의 이행을 청구할 수 있다. (모의 22)

[3] 기존회사에 대한 소멸시효가 완성되지 않은 상태에서 신설회사가 기존회사와 별도로 자신에 대하여 소멸시효가 완성되었다고 주장하는 것 역시 별개의 법인격을 갖고 있음을 전제로 하는 것이어서 신의성실의 원칙상 허용될 수 없다.

사실관계

A는 B가 대표이사로 있는 甲회사에 물품을 공급하고 물품대금 명목으로 액면금 4억 5천만 원, 지급기일 2014.4.25.인 약속어음을 발행받았으나 지급기일에 甲회사로부터 지급거절되었다. 이에 A는 甲회사를 상대로 어음금청구의 소를 제기하여 2017.4.26. 승소판결을 받았고 그 무렵 위 판결은 확정되었다. 甲회사는 2015.3.31. 해산하였고 B가 청산인으로 등재되어 있다. 乙회사는 2015.7.7. 설립되었다. 乙회사의 본점 소재지와 영업 목적은 甲회사와 동일하였고, 甲회사가 해산 전부터 丙으로부터 임차하여 사용하던 공장 부지와 건물을 乙회사가 설립일로부터 4년 동안 계속 사용하면서 丙과 별도로 임대차계약을 체결하지 않았으며, 甲회사가 사용하던 설비 또한 乙회사가 별도의 대가 지급 없이 계속해서 사용하였다.

이에 A가 乙회사를 상대로 어음금청구의 소를 2021년 무렵 제기하자 乙회사는 어음만기일인 2014.4.25.부터 3년의 소멸시효가 완성되었다고 주장하였다.

① 개인과 회사 주주들이 경제적 이해관계를 같이 하는 등 개인이 새로 설립한 회사를 실질적으로 운영하면서 마음대로 이용할 수 있는 지배적 지위에 있는 경우로서, 회사 설립과 관련된 개인의 자산 변동 내역, 특히 개인 자산이 회사에 이전되었다면 정당한 대가가 지급되었는지, 개인 자산이 회사에 유용되었는지 등을 살펴, 회사와 개인이 별개의 인격체임을 내세워 회사 설립 전 개인의 채무에 대한 회사의 책임을 부인하는 것이 심히 정의와 형평에 반하는 때에는 회사에 대하여 회사 설립 전에 개인이 부담한 채무의 이행을 청구하는 것도 가능하다.

② 회사가 이름뿐이고 실질적으로는 개인기업에 지나지 않을 정도로 형해화 된 경우와 회사가 형해화 될 정도는 아니라도 개인이 회사 법인격을 남용하는 경우가 있다. 법인격 형해화 여부는 문제의 행위를 한 시점을 기준으로, 회사 법인격이 형해화는 아니더라도 개인이 회사 법인격을 남용하였는지 여부는 채무면탈 남용행위를 한 시점을 기준으로 판단하여야 한다.

③ 휴면회사의 해산간주 제도는 거래안전 보호와 주식회사 제도에 대한 신뢰를 회복하기 위한 것으로서 해산간주 등기만으로 곧바로 법인격이 형해화 되었다고 단정할 수는 없다.

① 기존회사의 자산이 정당한 대가를 지급한 제3자에게 이전되었다가 다시 기업의 형태 · 내용이 실질적으로 동일한 다른 회사로 이전된 경우에도 법인격남용이 인정될 수 있다.

② 甲회사가 채무면탈이라는 위법목적을 달성하기 위하여 乙회사를 설립하였다면, 甲회사에 대한 채권자의 채권 중 일부가 乙회사 설립 이후에 발생한 경우에도 그러한 채권에 대하여 乙회사가 甲회사와 별개의 법인격을 주장하는 것은 신의성실의 원칙상 허용될 수 없다.

■ 관련 쟁점

① 자회사의 임 · 직원이 모회사의 임 · 직원을 겸하고 있다거나 모회사가 자회사의 전 주식을 소유하여 자회사에 대해 강한 지배력을 가진다거나 자회사의 사업 규모가 확장되었으나 자본금의 규모가 그에 상응해 증가하지 않은 사정만으로는 모회사가 자회사의 독자적 법인격을 주장하는 것이 법인격남용에 해당한다고 보기 부족하다(대판 2006.8.25. 2004다26119).

② 자회사가 독자적인 의사 또는 존재를 상실하고 모회사가 자기 사업의 일부로 자회사를 운영할 정도로 완전한 지배력이 요구되며, 구체적으로는 ㉠ 모회사와 자회사 간의 재산과 업무 및 대외적인 기업거래활동의 혼용 등 객관적 징표가 있어야 하며, ㉡ 자회사의 법인격이 모회사에 대한 법률적용을 회피하기 위한 수단이거나 채무면탈이라는 위법목적을 위해 회사제도를 남용하는 주관적 의도 또는 목적이 있어야 한다(대판 2006.8.25. 2004다26119).

■ 중요 판시사항

[1] 유한회사가 소송을 제기한 후 소송계속 중 주식회사로 조직변경을 하는 경우 소송절차가 중단되지 아니하므로 조직이 변경된 주식회사가 소송절차를 수계할 필요가 없다(이는 당사자표시정정사유임).

[2] 상법상 주식회사의 유한회사로의 조직변경은 주식회사가 법인격의 동일성을 유지하면서 조직을 변경하여 유한회사로 되는 것이고, 이는 유한회사가 주식회사로 조직변경을 하는 경우에도 동일하다.

■ 관련 쟁점

① 주식회사는 총주주 동의에 의한 주주총회 결의로 유한회사, 유한책임회사로 변경할 수 있다(제604조 제1항).

② 유한회사, 유한책임회사가 주식회사로 조직변경을 하려면 법원의 인가를 얻어야 한다(제607조 제3항, 제287조의44).

③ 주식회사가 유한회사, 유한책임회사로 조직변경을 하려면 미상환 사채를 모두 상환해야 한다(제604조 제1항 단서, 제287조의44).

④ 물적 회사의 조직변경의 경우 조직변경 이후의 회사의 자본금총액이 그 이전 회사의 순 재산액보다 많아질 수 없다(제604조 제2항, 제607조 제2항, 제287조의44).

⑤ 물적 회사가 조직변경을 하려면 채권자보호절차를 거쳐야 한다(제608조, 제232조, 제287조의44).

제1절 주식과 주주

01-1 주주평등원칙 (대판 2023.7.27. 2022다290778)

■ 중요 판시사항

[1] 주주평등원칙이란, 주주가 회사와의 법률관계에서 그가 가진 주식의 수에 따라 평등한 취급을 받아야 함을 의미한다. 이를 위반하여 회사가 일부 주주에게만 우월한 권리나 이익을 부여하기로 하는 약정은 특별한 사정이 없는 한 무효이다.

[2] 다만 회사가 일부 주주에게 우월한 권리나 이익을 부여하여 다른 주주들과 다르게 대우하는 경우에도 법률이 허용하는 절차와 방식에 따르거나 그 차등적 취급을 정당화할 수 있는 특별한 사정이 있는 경우에는 이를 허용할 수 있다.

[3] 차등적 취급의 허용 여부는 차등적 취급이 회사와 주주 전체 이익을 위해 필요한지, 차등적 취급이 강행법규에 저촉되거나 주주의 본질적 지위를 부정하는지, 일부 주주에게 경영 참여 및 감독과 관련된 특별한 권한을 부여함에 따른 주주 의결권 침해 등 불이익의 정도, 차등적 취급으로 불이익을 받는 주주의 동의 정도 등 제반 사정을 고려하여 차등적 취급이 주주와 회사 전체 이익에 부합하는지를 따져서 정의와 형평의 관념에 비추어 신중하게 판단하여야 한다.

[4] 회사가 신주인수인에게 금전 지급을 약정한 경우, 그 약정이 실질적으로는 신주인수대금으로 납입한 돈을 전액 보전해 주기로 한 것이거나 법률에 따른 배당 외에 다른 주주들에게는 지급되지 않는 별도 수익을 지급하기로 한 것이라면, 회사가 해당 주주에 대하여만 투하자본 회수를 절대적으로 보장함으로써 다른 주주들에게 인정되지 않는 우월한 권리를 부여하는 것으로 주주평등원칙에 위반하여 무효이다.

[5] 회사가 주주평등원칙에 위반하여 일부 주주에게 우월한 권리나 이익을 부여하는 내용의 약정을 체결하면서 주주 전원으로부터 동의를 받은 경우, 그러한 차등적 취급 약정이 상법 등 강행법규에 위반하지 않고 법질서의 허용범위 내의 것이라면 그 효력을 인정할 여지가 있다.

[6] 그러나 주주에게 투하자본의 회수를 절대적으로 보장하는 취지의 금전지급약정은 회사의 자본적 기초를 위태롭게 하고 주주로서 부담하는 본질적 책임에서조차 벗어나게 하여 특정 주주에게 상법이 허용하는 범위를 초과하는 권리를 부여하는 것으로서 법질서가 허용하지 않는 강행법규 위반에 해당하므로, 이에 대하여 주주 전원의 동의를 받았다고 하더라도 무효이다.

[7] 주주평등원칙은 주주와 회사의 법률관계에 적용되고, 주주와 회사의 다른 주주 내지 이사 개인의 법률관계에는 주주평등원칙이 직접 적용되지 않는다. 주주가 회사와 계약을 체결하면서 사적자치의 원칙상 다른 주주 내지 이사 개인과 회사와 관련한 계약을 체결할 수 있고, 그 계약의 효력은 특별한 사정이 없는 한 회사와 체결한 계약의 효력과는 별개로 보아야 한다.

A는 甲회사가 발행하는 종류주식을 인수하면서 甲회사가 연구개발 중인 제품을 일정 기한 내에 국가기관에 등록하지 못한 경우 신주인수계약을 무효로 하고 甲회사와 대표이사 B가 A에게 A의 종류주식 인수금액 전액을 반환하기로 하는 약정을 甲회사 및 B와 체결하였는데, 甲회사가 기한 내에 제품 등록을 하지 못하자 A가 甲회사와 B를 상대로 위 약정에 따른 투자금반환을 청구하였다.

원심은, 위 약정은 다른 주주 전원의 동의가 있었다 하더라도 주주평등원칙에 위반하여 무효이고, 甲회사의 주주 겸 대표이사 B에 대한 법률관계에서도 주주평등원칙에 위반하여 무효라고 보았다.

대법원은, 주주 전원이 일부 주주에 대한 차등적 취급에 동의한 경우 상법 등 강행법규에 위반하지 않고 법질서가 허용하는 범위 내의 것이라면 사안에 따라서 그 차등적 취급을 허용할 여지가 있지만, 위 약정은 회사의 자본적 기초를 위태롭게 하여 회사와 주주 등의 이익을 해하는 것이어서, 甲회사 주주 전원 동의가 있었더라도 주주평등원칙에 반하여 A와 甲회사 사이의 법률관계에서는 무효라고 판시하면서, 다만 甲회사 대표이사 B와의 법률관계에는 주주평등원칙이 직접 적용되지 않아서 그 약정이 주주평등원칙에 위반하여 무효인 것은 아니라고 판시하여 甲회사를 제외한 대표이사 B에 대한 부분을 파기·환송하였다.

투자자가 회사가 발행하는 상환전환우선주를 인수하면서 회사에 대한 회생절차가 개시되면 회사의 대주주 겸 대표이사가 회사와 연대하여 주식인수대금을 지급하는 약정을 체결한 경우 ① 회사와의 금전지급약정은 실질적으로 회사가 주주에게 투하자본회수를 절대적으로 보장함으로써 다른 주주들에게 인정되지 않는 우월한 권리를 부여하는 것이고, 배당가능이익이 없어도 사실상 출자를 환급하여 주는 것이므로 주주평등원칙에 위반하여 무효이나, ② 주주와 대주주 겸 대표이사와의 법률관계에는 주주평등원칙이 직접 적용되지 않아서 주주평등원칙에 위반하여 무효인 것은 아니고, 약정 체결의 동기와 경위, 목적, 문언의 내용, 당사자의 진정한 의사 등을 고려하면 대주주 겸 대표이사는 회사의 투자자에 대한 금전지급의무와 동일한 내용의 연대채무를 부담하는 계약을 체결하였다고 볼 여지가 크다(대판 2023.7.13. 2022다224986).

주주평등원칙(대판 2023.7.13. 2021다293213)

■ 중요 판시사항

[1] 회사가 신주인수인에게 회사 의사결정에 대한 사전동의를 받기로 약정한 경우 그 약정은 회사가 일부 주주에게만 우월한 권리를 부여함으로써 주주들을 차등적으로 대우하는 것이지만, 주주가 납입하는 주식인수대금이 회사의 존속과 발전을 위해 반드시 필요한 자금이었고 투자유치를 위해 해당 주주에게 회사의 의사결정에 대한 동의권을 부여하는 것이 불가피하였으며 그와 같은 동의권을 부여하더라도 다른 주주가 실질적·직접적인 손해나 불이익을 입지 않고 오히려 일부 주주에게 회사 경영활동에 대한 감시의 기회를 제공하여 다른 주주와 회사에 이익이 되는 등 차등적 취급을 정당화할 수 있는 특별한 사정이 있다면 이를 허용할 수 있다.

[2] 회사와 주주가 체결한 동의권 부여 약정이 예외적으로 허용되는 경우, 동의권 부여 약정 위반으로 인한 손해배상 명목의 금원 지급 약정이 사전 동의 의무 위반으로 인한 주주의 손해를 배상하고 의무이행을 확보하기 위한 것이라면, 이는 채무불이행에 따른 손해배상액 예정으로서 특별한 사정이 없는 한 유효하고, 일부 주주에게 투하자본회수를 절대적으로 보장함으로써 주주평등원칙에 위배된다고 단정할 것은 아니다.

[3] 손해배상액 예정이 유효하더라도, 그 금액이 부당히 과다하다면 민법 제398조 제2항에 따라 법원이 이를 감액할 수 있다. 법원으로서는 동의권 부여 약정 위반에 따른 손해배상예정액의 부당성 여부를 판단할 때 그 약정이 사실상 투하자본 전부 또는 일부의 회수를 절대적으로 보장하는 수단이 되지 않도록 유의해야 한다.

관련판례

신용보증기관이 회사가 발행하는 전환상환우선주를 인수하면서 회사가 회생절차 개시신청을 할 때에는 신용보증기관의 동의를 받아야 하고 이를 위반한 경우 손해배상으로 신용보증기관에게 주식인수 총액과 소정의 비율에 의한 금원을 지급하기로 한 약정은 그 차등적 취급을 정당화할 수 있는 특별한 사정이 있는 경우로서 이를 허용할 여지가 많고, 손해배상 약정도 회사의 의무이행을 확보하기 위한 것으로서 허용될 여지가 있다(대판 2023.7.13. 2023다210670).

관련판례

① 회사가 유상증자에 참여한 직원들에게 출자손실금을 전액 보전해 주기로 약정한 경우, 그러한 손실보전약정은 주주평등원칙에 위반되어 무효이다. 다만, 손실보전약정이 무효라는 이유로 신주인수계약까지 무효가 되는 것은 아니다(대판 2007.6.28. 2006다38161,38178).(모의 17)

② 甲회사가 대여금 채권자이자 주주인 乙과 체결한 약정에 따라 매월 약정금을 지급하다 乙에 대한 甲회사의 대여금 채무를 모두 상환한 이후에도 乙에게 매월 약정금을 지급한 경우 이러한 약정금 지급은 주주평등원칙에 위배된다(대판 2018.9.13. 2018다9920,9937).

③ 회사가 신주인수인과 신주인수대금으로 납입한 돈을 전액 보전해 주기로 하거나, 다른 주주들에게는 지급되지 않는 별도의 수익을 지급하기로 한 약정은 무효이다. 주주 지위에서 발생하는 손실의 보상을 주된 내용으로 하는 약정이 주주의 자격을 취득하기 이전에 체결되었다거나, 신주인수계약과 별도의 계약으로 체결되어도 마찬가지이다(대판 2020.8.13. 2018다236241).

④ 甲주식회사 대표이사 乙과 사내이사 丙이 회사 운영계약을 체결하면서 '근속의무기간 이전에 자의로 퇴직할 경우, 보유 주식 전부를 대표이사에게 액면가로 양도한다. 자의가 아닌 퇴사의 경우, 보유 주식 일부를 대표이사에게 액면가에 매각한다.'고 정하였는데, 甲회사가 주주총회에서 丙의 이사해임을 결의한 경우, 위 조항은 丙이 귀책사유 없이 해임된 경우에도 적용되고, 乙이 신의성실에 반하여 丙의 해임을 주도한 것도 아니므로 丙은 근속조항에 따라 보유 주식 일부를 乙에게 액면가로 매각할 의무가 있다(대판 2021.3.11. 2020다253430).

02 주주간의 양도제한 약정의 효력(대판 2022.3.31. 2019다274639)

■ 중요 판시사항

[1] 주주 사이에서 주식의 양도를 일부 제한하는 약정을 한 경우, 그 약정은 주주의 투하자본회수 가능성을 전면적으로 부정하는 것이 아니고, 선량한 풍속 그 밖의 사회질서에 반하지 않는다면 당사자 사이에서는 원칙적으로 유효하다.

[2] 주주 사이의 계약으로 주식양도에 출자자 전원의 동의를 요구하면서, 그와 별도로 출자자의 우선매수권을 규정하는 것은 유효하다.

■ 관련 쟁점

① 회사는 정관으로 정하는 바에 따라 그 발행하는 주식의 양도에 관하여 이사회의 승인을 받도록 할 수 있다(제335조 제1항 단서).(변호 12, 모의 19)

② 정관의 규정으로 주식의 양도를 제한하는 경우에도 주식양도를 전면적으로 금지하는 규정을 둘 수 없다(대판 2000.9.26. 99다48429).

③ 주식의 양도에 관하여 이사회의 승인을 얻어야 하는 경우에 주식을 취득하였으나 회사로부터 양도 승인거부의 통지를 받은 양수인은 상법 제335조의7에 따라 회사에 대하여 주식매수청구권을 행사할 수 있다. 주식을 취득하지 못한 양수인이 회사에 대하여 주식매수청구를 하더라도 이는 아무런 효력이 없고, 사후적으로 양수인이 주식취득의 요건을 갖추게 되더라도 하자가 치유될 수는 없다(대판 2014.12.24. 2014다221258,221265).

④ 회사의 설립일로부터 5년 동안 주식의 전부 또는 일부를 다른 당사자 또는 제3자에게 매각·양도할 수 없다는 내용은 설립 후 5년간 일체 주식의 양도를 금지하는 것으로 이를 정관으로 규정하였다고 하더라도 주주의 투하자본회수의 가능성을 전면적으로 부정하는 것으로서 무효이므로 회사와 주주들 사이에서 또는 주주들 사이에서 이러한 내용을 약정하였다고 하더라도 무효이다(대판 2000.9.26. 99다48429).(모의 16)

⑤ 주주들 사이에서 주식의 양도를 일부 제한하는 내용의 약정을 한 경우, 그 약정이 주주의 투하자본회수 가능성을 전면적으로 부정하는 것이 아니고, 공서양속에 반하지 않는다면 당사자 사이에서는 원칙적으로 유효하다(대판 2008.7.10. 2007다14193).(모의 21)

03 주권이 발행되지 않은 주식은 횡령죄의 객체가 아님 (대판 2023.6.1. 2020도2884)

■ 중요 판시사항

주식은 자본구성의 단위 또는 주주 지위를 의미하고, 주주권을 표창하는 유가증권인 주권과는 구분된다. 주권은 유가증권으로서 재물에 해당되므로 횡령죄 객체가 될 수 있으나, 자본의 구성단위 또는 주주권을 의미하는 주식은 재물이 아니므로 횡령죄 객체가 될 수 없다.

> **사실관계**
>
> 주권 미발행 주식에 대한 명의신탁약정에 따라 주주명부에 등재된 이후, 주식발행 회사가 상장되면서 주식이 예탁결제원에 예탁되어 계좌대체방식으로 양도가능하게 되었더라도 주권이 발행되지 않았다면 횡령죄의 대상인 재물에 해당한다고 보기 어렵다고 판시한 사안.

■ 관련 쟁점

① 납입가장의 경우 납입가장죄 및 공정증서원본불실기재죄와 불실기재공정증서원본행사죄가 성립하고, 상법상 납입가장죄의 성립을 인정하는 이상 업무상횡령죄가 성립한다고 할 수는 없다(대판 2004.6.17. 2003도7645).(변호 14, 모의 13)

② 위탁매매인이 위탁물 판매대금을 임의로 사용한 경우 횡령죄가 성립한다(대판 1982.2.23. 81도2619).(변호 15, 16, 모의 16, 17, 21)

③ 익명조합의 영업자가 영업이익금을 임의로 소비하였더라도 횡령죄가 성립할 수는 없다(대판 2011.11.24. 2010도5014).(모의 16, 17, 21)

④ 공정증서원본에 기재된 사항이 부존재하거나 무효인 하자가 있다면, 그 기재는 불실기재에 해당한다. 그러나 기재된 사항이나 그 원인된 법률행위가 객관적으로 존재하고, 다만 거기에 취소사유인 하자가 있을 뿐인 경우, 취소되기 전에 공정증서원본에 기재된 이상, 그 기재는 공정증서원본의 불실기재에 해당하지 않는다(대판 2018.6.19. 2017도21783).

⑤ 주권발행 전 주식양도인이 양수인으로 하여금 회사 이외의 제3자에게 대항할 수 있도록 확정일자 있는 증서에 의한 양도통지 또는 승낙을 갖추어 주지 아니하고 이를 타에 처분하였다 하더라도 형법상 배임죄가 성립하는 것은 아니다(대판 2020.6.4. 2015도6057).

04 가압류된 주권발행 전 주식양도를 명하는 판결(대판 2021.7.29. 2017다3222,3239) (모의 22)

■ 중요 판시사항

[1] 매도인의 소유권이전의무와 매수인의 대금지급의무는 다른 약정이 없는 한 동시이행관계에 있다. 어느 의무가 선이행의무이더라도 이행기가 지난 때에는 이행기 후에도 선이행하기로 약정하지 않은 한 매도인과 매수인 쌍방의 의무는 동시이행관계에 있다.

[2] 발행주식 전부 또는 지배주식의 양도와 함께 경영권이 이전하는 경우 경영권이전은 주식양도에 따른 부수적인 효과에 지나지 않아 주식 양도의무와 독립적으로 경영권 양도의무를 인정하기 어렵다. 따라서 잔금지급의무와 경영권이전의무는 동시이행의 관계에 있지 않다.

[3] 주식양도청구권의 가압류는 주식 자체의 처분을 금지하는 효력은 없고 채무자가 제3채무자에게 현실로 급부를 추심하는 것을 금지할 뿐이다. 따라서 채무자는 제3채무자를 상대로 주식의 양도를 구하는 소를 제기할 수 있고 법원은 가압류를 이유로 이를 배척할 수 없다.

[4] 다만 주권발행 전이라도 회사성립 후 또는 신주의 납입기일 후 6개월이 지나면 주권의 교부 없이 지명채권양도의 일반원칙에 따라 당사자의 의사표시만으로 주식을 양도할 수 있으므로, 주권발행 전 주식의 양도를 명하는 판결은 의사의 진술을 명하는 판결에 해당한다.

[5] 주식양도를 명하는 판결이 확정되면 채무자는 일방적으로 주식 양수인의 지위를 갖게 되고, 제3채무자는 이를 저지할 방법이 없으므로, 가압류 해제를 조건으로 하지 않는 한 법원은 이를 인용해서는 안 된다. 이는 가압류의 제3채무자가 채권자인 경우에도 동일하다.

사실관계

A회사(원고, 매수인)와 C(피고, 매도인)는 C가 보유한 B회사 주식 60%와 B회사의 경영권을 A회사에 양도하는 계약을 2007.7. 무렵 체결하였다. B회사의 주식은 설립시 발행된 주식이 전부인데 B회사는 설립일로부터 6개월이 지나도록 주권을 발행하지 않고 있었다. A회사의 금전채권자인 D는 자신의 금전채권 보전을 위하여 A회사의 C에 대한 주식양도청구권에 대한 가압류결정을 받았다. C가 이행기가 지나도록 주식 양도의무를 이행하지 않자 A회사는 C를 상대로 주식양도청구의 소를 제기하였다. 이에 대하여, C는 주식대금 지급을 동시이행의 항변으로 제기하면서 주식인도청구권에 대한 가압류가 해제되어야 한다고 주장하였다.

■ 주문

피고는 수원지방법원 안산지원 2016카단10061 주식양도청구권 가압류가 해제되는 것을 조건으로 원고로부터 ******원을 지급받음과 동시에 원고에게 별지 목록 기재 주식에 관하여 양도의 의사표시를 하고 주식회사 B에게 주식양도통지를 하라.

05 위법한 자기주식취득약정의 효력(대판 2021.10.28. 2020다208058) (변호 23)

■ 중요 판시사항

[1] 회사가 특정 주주와의 약정으로 사실상 주식매수청구권을 부여한 후 해당 주주가 행사한 주식매수청구권에 따라 회사가 자기주식을 매수한 경우 이러한 자기주식취득은 무효이다.

[2] 상법에 따라 주주가 주식매수청구권을 행사하는 경우에는 회사가 제한 없이 자기주식을 취득할 수 있으나, 회사가 특정 주주와 약정으로 사실상 매수청구를 할 수 있는 권리를 부여하여 주주가 권리를 행사하는 경우는 상법 제341조의2 제4호가 적용되지 않는다.

[3] 회사의 자기주식취득은 상법 제341조에서 정한 요건 하에서만 허용된다. 상법상 요건 및 절차에 의하지 않은 자기주식취득 약정은 무효이다.

> **관련판례** (대판 2021.7.29. 2017두63337) (변호 23)
>
> ① 배당가능이익은 회사가 당기에 배당할 수 있는 한도를 의미하는 것이지 회사가 보유하고 있는 특정한 현금을 의미하는 것이 아니다.
>
> ② 상법 제341조 제1항 단서는 자기주식 취득가액 총액이 배당가능이익을 초과해서는 안 된다는 것일 뿐 차입금으로 자기주식을 취득하는 것이 허용되지 않는다는 것을 의미하지는 않는다.

■ 관련 쟁점

① 회사가 제3자 명의로 주식을 취득하더라도 주식 취득대금이 회사가 출연한 것이고, 주식보유에 따른 손익이 회사에 귀속되면 회사 계산으로 주식을 취득한 것에 해당하고, 자기주식취득에 해당한다(대판 2003.5.16. 2001다44109).(변호 13, 모의 14)

② 회사가 자기주식을 처분하는 경우 처분할 주식의 종류와 수, 처분가액과 납입기일, 처분 상대방 및 처분방법으로서 정관에 규정이 없는 것은 이사회가 결정한다(제342조).(변호 13, 14, 15, 16)

③ 특정 목적에 의한 자기주식취득(변호 13, 14, 15, 16, 23, 모의 14, 15, 19, 22(2))
   ㉠ 합병 또는 다른 회사의 영업전부의 양수
   ㉡ 회사 권리실행 목적 달성에 필요한 경우
   ㉢ 단주처리
   ㉣ 주주의 주식매수청구권 행사

06 주권발행 전 주식양도 계약 해제 효과 (대판 2022.5.26. 2020다239366)

■ 중요 판시사항

회사 성립 후 또는 신주의 납입기일 후 6개월이 경과한 주권발행 전의 주식에 대한 주식양도계약이 해제되면 계약의 이행으로 이전된 주식은 당연히 양도인에게 복귀한다.

■ 관련 쟁점

① 주식을 취득한 자는 특별한 사정이 없는 한 점유하고 있는 주권의 제시 등의 방법으로 자신이 주식을 취득한 사실을 증명함으로써 회사에 대하여 단독으로 그 명의개서를 청구할 수 있다(대판 2019.5.16. 2016다240338).(변호 21)

② 주식양도인은 특별한 사정이 없는 한 회사에 대하여 주식양수인 명의로 명의개서를 해 달라고 청구할 권리가 없다(대판 2010.10.14. 2009다89665).(모의 13, 16)

③ 주권이 발행된 주식을 취득한 자가 주권을 제시하여 명의개서를 신청하고, 그 신청에 관하여 주주명부를 작성할 권한 있는 자가 형식적 심사의무를 다하여 이루어진 명의개서는 특별한 사정이 없는 한 적법하다(대판 2019.8.14. 2017다231980).

④ 주식을 취득한 자가 그 취득사실을 증명한 이상 정관에 규정된 서류 미제출을 이유로 회사가 명의개서를 거부할 수 없다(대판 1995.3.24. 94다47728).

⑤ 주주명부 기재를 마치지 않고도 회사에 주주권을 행사할 수 있는 경우는 주주명부 기재 또는 명의개서청구가 부당하게 지연되거나 거절되었다는 등의 예외적인 경우에 한한다(대판 2017.3.23. 2015다248342).(모의 20, 22)[변호 13, 23, 모의 14, 18, 19]

⑥ 상법은 주주명부의 기재를 회사에 대한 대항요건으로 정하고 있을 뿐 주식 이전의 효력발생요건으로 정하고 있지 않으므로 명의개서가 이루어졌다고 무권리자가 주주가 되는 것은 아니고, 명의개서가 이루어지지 않았다고 해서 주주가 권리를 상실하는 것도 아니다(대판 2020.6.11. 2017다278385).[변호 21]

⑦ 주식 소유권 귀속에 관한 권리관계와 주주의 회사에 대한 주주권 행사국면은 구분된다. 회사와 주주 사이에서 주식의 소유권, 즉 주주권의 귀속이 다투어지는 경우에는 회사가 주주명부에 주주로 기재된 자를 상대로 주주가 아니라는 확인의 소를 제기할 수 있다(대판 2020.6.11. 2017다278385).

⑧ 위조된 주식매매계약서에 의해 타인 앞으로 명의개서가 된 주주 甲이 회사를 상대로 자신의 주주권의 확인을 구하는 것은 甲의 권리 또는 법률상 지위에 현존하는 불안·위험을 제거하는 유효·적절한 수단이 아니거나 분쟁의 종국적 해결방법이 아니어서 확인의 이익이 없다(대판 2019.5.16. 2016다240338).(변호 21, 모의 22(2), 23)

> **관련판례** (대판 2024.1.4. 2022다286335)
>
> 주식가격이 상승할 것으로 기망하여 주식을 매수하게 한 것이 불법행위에 해당하는 경우, 기망이 없었다면 해당 주식을 매수하지 않았을 것이라고 단정할 수 없다면, 불법행위로 인한 재산상 손해는 주식매수대금에서 취득 당시 객관적인 가액을 공제한 차액으로 산정된다.

제2절 주식회사의 기관

01 소수주주의 주주총회소집허가신청 (대결 2022.4.19. 2022그501) (모의 23(2))

■ 중요 판시사항

[1] 정관에서 주주총회 결의사항으로 '대표이사의 선임 및 해임'을 규정하지 않은 경우 소수주주가 이를 회의목적사항으로 삼아 주주총회소집허가 신청을 할 수 없다.

[2] 소수주주가 상법 제366조에 따라 주주총회소집허가 신청을 하는 경우, 주주총회 결의사항이 아닌 것을 회의목적사항으로 할 수 없다.

[3] 주주총회는 상법 또는 정관이 정한 사항에 한하여 결의할 수 있고(제361조), 대표이사는 정관에 특별한 정함이 없는 한 이사회 결의로 선임되므로(제389조), 정관에서 주주총회 결의사항으로 '대표이사의 선임 및 해임'을 규정하지 않은 경우에는 이를 회의목적사항으로 삼아 상법 제366조에서 정한 주주총회소집허가 신청을 할 수 없다.

관련판례 (대결 2022.9.7. 2022마5372)

① 소수주주의 임시총회소집청구권은 주주 공익권의 하나로서, 소수주주 이익보호 및 지배주주의 지지를 받는 이사의 주주총회 소집지연을 견제하기 위한 것이다. 이를 통하여 소수주주는 자신이 제안하는 안건을 주주총회결의에 부의할 수 있게 된다.

② 임시총회소집청구서에 기재된 회의 목적사항과 소집이유가 이사회에 제출된 청구서와 다른 경우 법원은 청구서의 소집이유에 맞추어 회의 목적사항을 수정하거나 변경할 수 있고, 신청인에게 이에 관한 의견진술 및 목적사항 수정·변경의 기회를 주어야 한다.

③ 정관에 다른 규정이 없으면 대표이사는 이사회 결의로 이사 중에서 선임되므로(제389조), 대표이사가 이사직을 상실하면 자동적으로 대표이사직도 상실한다. 따라서 대표이사는 이사회 결의로 대표이사직에서 해임되는 경우뿐만 아니라 주주총회 결의로 이사직에서 해임되는 경우에도 대표이사직을 상실하게 된다.

④ 소수주주가 제출한 임시총회소집청구서에 회의 목적사항이 '대표이사 해임 및 선임'으로 기재되었으나 소집의 이유가 현 대표이사의 '이사직 해임'과 '후임 이사 선임'을 구하는 취지로 기재되어 있고, 회사의 정관에 '대표이사의 해임'이 주주총회 결의사항으로 정해져 있지 않다면, 법원은 소수주주로 하여금 회의 목적사항으로 기재된 '대표이사 해임 및 선임'의 의미를 정확하게 밝히고 그에 따른 조치를 취할 기회를 갖도록 할 필요가 있다.

관련판례 (대결 2022.12.16. 2022그734)

① 소수주주가 임시주주총회의 소집을 청구하는 '이사회'는 원칙적으로 대표이사를 의미하고, 대표이사 없이 이사 수가 2인 이하인 소규모 회사의 경우에는 각 이사를 의미한다.

② 상법 제366조 제1항의 전자문서란 전자우편은 물론 휴대전화 문자메시지·모바일 메시지 등까지 포함된다.

사실관계

甲회사 발행주식총수의 5%를 보유한 주주 A가 甲회사 대표이사 B에게 발송한 임시주주총회 소집청구서가 폐문부재로 배달되지 않자 A의 소송대리인이 같은 내용의 임시주주총회 소집청구서를 카카오톡 메시지로 B에게 발송하여 B가 이를 수신하였는데도 甲회사가 임시주주총회 소집절차를 밟지 않자, A가 법원에 주주총회 소집허가를 신청하였다.

■ 관련 쟁점

① 발행주식 총수의 3% 이상 주주는 회의 목적사항과 소집이유를 적은 서면 또는 전자문서를 이사회에 제출하여 임시총회 소집을 청구할 수 있다(제366조 제1항).

② 소수주주는 먼저 이사회에 주주총회 소집을 요청한 후 이사회가 소집을 거부하는 경우, 법원허가를 얻어 스스로 주주총회를 소집할 수 있다(제366조 제2항).

③ 소수주주의 주식 합산이 가능하고, 무의결권 주식을 포함한다.

④ 법원의 총회소집허가를 받은 소수주주가 결정일로부터 상당한 기간이 지나도록 총회를 소집하지 않은 경우 총회소집권한이 소멸한다(대판 2018.3.15. 2016다275679).(변호 19, 모의 20, 21)

02 주주가 회사가 체결한 영업양도계약의 무효 확인을 구할 이익이 있는지 여부

(대판 2022.6.9. 2018다228462,228479) [모의 23]

■ 중요 판시사항

[1] 주주는 회사가 체결한 영업양도계약의 무효 확인을 구할 이익이 없다.

[2] 주주는 직접 회사 경영에 참여하지 못하고 주주총회 결의를 통해서 이사를 해임하거나 일정한 요건에 따라 이사를 상대로 그 이사의 행위에 대하여 유지청구권을 행사하여 그 행위를 유지시키고 대표소송에 의하여 그 책임을 추궁하는 소를 제기하는 등 회사의 영업에 간접적으로 영향을 미칠 수 있을 뿐이다.

[3] 주주가 회사의 재산관계에 법률상 이해관계를 가진다고 볼 수 없고, 주주는 직접 제3자와의 거래관계에 개입하여 회사가 체결한 계약의 무효 확인을 구할 이익이 없다. 이는 회사가 영업의 전부 또는 중요한 일부를 양도하는 계약을 체결하는 경우에도 마찬가지이다.

■ 관련 쟁점

① 주식회사의 영업양도와 관련해서는, ㉠ 중요자산 처분에 대한 이사회결의(제393조), ㉡ 주주총회 특별결의(제374조) 및 ㉢ 반대주주의 주식매수청구권(제374조의2)이 문제된다.

② 주식회사가 영업 전부 또는 중요 일부를 양도한 후 주주총회 특별결의가 없었다는 이유로 스스로 무효를 주장하더라도 주주 전원이 약정에 동의한 것으로 볼 수 있는 등 특별한 사정이 없다면 신의성실원칙에 반하지 않는다(대판 2018.4.26. 2017다288757).(변호 20, 23, 모의 18)[모의 18, 22]

③ 회사 재산의 처분으로 영업의 양도나 폐지 상태에 이르게 되는 경우 주주총회 특별결의가 요구된다(대판 2004.7.8. 2004다13717).(변호 17, 모의 14, 16, 20)

④ 중요재산 처분 당시 회사가 사실상 영업을 중단한 경우에는 주주총회 특별결의가 요구되지 않는다(대판 1988.4.12. 87다카1662).(변호 17, 모의 13, 14, 16)

⑤ 영업의 중단이란 영업의 계속 포기, 일체의 영업활동의 중단으로 영업의 폐지에 준하는 상태를 말하고 일시적 영업활동 중지는 영업중단에 해당하지 않는다(대판 1992.8.18. 91다14369).

03 공동소송 주주총회결의 무효확인소송의 성격 (대판 2021.7.22. 2020다284977)

(변호 23, 모의 22(2))

■ 중요 판시사항

[1] 주주총회결의의 부존재 또는 무효 확인을 구하는 소를 여러 사람이 공동으로 제기한 경우 이는 민사소송법 제67조가 적용되는 필수적 공동소송에 해당한다.

[2] 주주총회결의의 부존재 또는 무효 확인을 구하는 소를 공동으로 제기한 경우 당사자 1인이 받은 승소판결효력이 다른 공동소송인에게 미치므로 공동소송인 사이에 합일확정의 필요성이 인정되고, 상법상 회사관계소송에 관한 전속관할이나 병합심리 규정도 당사자 간 합일확정을 전제로 하는 점 및 당사자 의사와 소송경제 등을 함께 고려하면, 이는 민사소송법 제67조가 적용되는 필수적 공동소송에 해당한다.

■ 관련 쟁점

① 주주총회결의 하자를 다투는 소에 있어서 청구인낙이나 결의의 부존재·무효를 확인하는 내용의 화해·조정은 할 수 없고, 이러한 내용의 청구인낙 또는 화해·조정이 이루어졌더라도 그 인낙조서나 화해·조정조서는 효력이 없다(대판 2004.9.24. 2004다28047).(변호 17, 모의 14, 20)

② 주주총회결의취소의 소가 제기된 경우에 결의의 내용, 회사의 현황과 제반사정을 참작하여 그 취소가 부적당하다고 인정한 때에는 법원은 청구를 기각할 수 있다(제379조).(변호 23, 모의 13, 16, 18, 20, 21, 22)

③ 결의무효 및 부존재확인의 소송에서는 재량기각이 허용되지 않는다.(변호 12, 모의 14, 19, 22)

④ 재량기각 사유가 인정되는 경우 법원은 직권으로 재량기각을 할 수 있다(대판 2003.7.11. 2001다45584).(변호 23, 모의 13, 16, 18, 20, 21)

⑤ 취소되는 주주총회 결의에 의해 선임된 대표이사가 취소 판결 전에 한 행위는 무효이고, 거래한 상대방은 상법 제39조 부실등기를 주장할 수 있다(대판 2004.2.27. 2002다19797).(변호 24, 모의 19, 22)

04 이사해임의 정당한 사유(대판 2023.8.31. 2023다220639)

■ 중요 판시사항

[1] 상법 제385조 제1항은 주주총회에 의한 이사 해임의 자유를 보장하는 한편, 임기가 정하여진 이사의 임기에 대한 기대를 보호함으로써, 주주의 회사에 대한 지배권 확보와 경영자 지위의 안정이라는 주주와 이사의 이익을 조화시키려는 규정이다.

[2] '정당한 이유'란 주주와 이사 사이에 불화 등 단순히 주관적인 신뢰관계가 상실된 것만으로는 부족하고, 이사가 법령이나 정관에 위배된 행위를 하였거나 정신적·육체적으로 직무를 감당하기 현저하게 곤란한 경우, 회사의 중요한 사업계획 수립이나 추진에 실패하여 경영능력에 대한 근본적인 신뢰관계가 상실된 경우 등 경영자로서의 업무집행에 장해가 될 객관적 상황이 발생한 경우를 의미한다.(모의 18)

[3] 위 조항에 따라 회사가 부담하는 손해배상책임은 회사의 고의·과실을 묻지 않는 법정책임이다. 정당한 이유가 있는지는 해임결의 당시 객관적으로 존재하는 사유로 판단할 수 있고, 주주총회에서 해임사유로 삼거나 해임결의 시 참작한 사유에 한정되지 않는다.

사실관계

甲이 A회사 이사로 재직 중 A회사는 주주총회결의로 甲을 이사에서 해임하였다. 그런데 甲은 주주총회 이전에 이사회 승인 없이 A회사의 영업과 동종 영업을 하는 B주식회사를 설립하고 대표이사로 취임하였다. A회사의 이사해임결의 당시 A회사는 甲의 경업사실을 알지 못하여 이를 해임사유로 삼지 않았다. 이러한 상황에서 甲은 임기만료 전 해임에 정당한 이유가 없다고 주장하며 A회사를 상대로 상법 제385조 제1항에 따른 손해배상을 구하였다.

대법원은 해임결의 당시 甲의 해임사유인 경업금지의무 위반행위가 발생하였으므로 비록 甲의 해임을 결의한 주주총회에서 이를 해임사유로 삼지 않았더라도 甲에 대한 해임에 정당한 이유가 있었는지를 판단하는 데에 경업금지의무 위반행위를 참작할 수 있다고 판시하였다.

■ 관련 쟁점

① 이사는 언제든지 주주총회 특별결의로 해임할 수 있다. 그러나 이사의 임기를 정한 경우에 정당한 이유없이 그 임기만료 전에 이를 해임한 때에는 그 이사는 회사에 대하여 해임으로 인한 손해의 배상을 청구할 수 있다(제385조).[모의 18]

② 이사해임의 정당한 이유의 존부에 대한 입증책임은 이사가 부담한다(대판 2006.11.23. 2004다49570).(변호 23, 모의 14, 22)

③ 이사의 임기를 정하지 않은 때에는 이사 임기의 최장기인 3년을 경과하지 않는 동안에 해임되더라도 손해배상을 청구할 수 없고, 정관에서 이사의 임기는 3년을 초과하지 못한다고 규정한 것이 이사의 임기를 3년으로 정하는 취지라고 해석할 수 없다(대판 2001.6.15. 2001다23928).(변호 16, 모의 14, 16)

④ 이사의 임기는 정관으로 그 임기 중의 최종의 결산기에 관한 정기주주총회의 종결에 이르기까지 연장 가능하다(제383조 제3항). 임기 중 최종의 결산기에 관한 정기주주총회는 임기 중에 도래하는 최종 결산기에 관한 정기주주총회를 말한다(대판 2010.6.24. 2010다13541).(모의 16, 19, 20, 22)

05 재산범죄 유죄판결에 따른 퇴임대표이사 권리의무 상실 (대판 2022.11.10. 2021다271282)

■ 중요 판시사항

[1] 퇴임이사 또는 퇴임대표이사의 지위에 있던 중 특정재산범죄로 유죄판결이 확정된 사람은 유죄판결 된 범죄행위와 밀접한 관련이 있는 회사의 퇴임이사 또는 퇴임대표이사로서의 권리의무를 상실한다.

[2] 주주총회를 소집할 권한이 없는 자가 이사회의 주주총회 소집결정도 없이 소집한 주주총회에서 이루어진 결의는 특별한 사정이 없는 한 총회 및 결의라고 볼 만한 것이 사실상 존재한다고 하더라도 그 성립과정에 중대한 하자가 있어 법률상 존재하지 않는다고 보아야 한다.

[3] 퇴임대표이사의 지위에 있던 중 재산범죄 유죄판결이 확정되어 퇴임대표이사로서의 권리의무를 상실한 자가 이사회결의 없이 소집한 임시주주총회의 소집절차상의 하자는 취소사유가 아니라 결의부존재사유에 해당한다.

관련판례 (대판 2021.8.19. 2020다285406) (변호 23)

① 퇴임이사는 새로 선임된 이사가 취임하거나 상법 제386조 제2항에 따라 일시 이사의 직무를 행할 자가 선임되면 별도의 주주총회 해임결의 없이 이사로서의 권리의무를 상실하게 된다.

② 상법 제385조 제1항에서 해임대상으로 정하고 있는 '이사'에는 '임기만료 후 이사로서의 권리의무를 행사하고 있는 퇴임이사'는 포함되지 않는다.

06 퇴임이사의 과거 보수청구권에 대한 확인의 이익(대판 2022.6.16. 2022다207967)

■ 중요 판시사항

[1] 퇴임 이사가 임기 만료 후부터 일정 기간 과거 이사의 지위에 있었음에 대하여 확인을 구하는 경우, 이사로서의 보수청구권 발생 등만으로 확인의 이익을 인정할 수는 없다.

[2] 과거의 법률관계는 현재의 권리 또는 법률관계에 관하여 확정할 이익이 없어 확인의 소의 대상이 될 수 없음이 원칙이다.

[3] 과거의 법률관계가 이해관계인들 사이에 분쟁의 전제가 되어 과거의 법률관계라고 하더라도 그에 대한 확인을 구하는 것이 이와 관련된 다수 분쟁을 일거에 해결하는 유효·적절한 수단이 될 수 있는 경우 등에는 예외적으로 확인의 이익이 인정될 수 있다.

[4] 확인의 소에서 확인의 이익 유무는 직권조사사항이므로 당사자의 주장 여부에 관계없이 법원이 직권으로 판단하여야 한다.

07 직무집행정지 된 대표자의 대표권 (대판 2024.4.12. 2023다313241)

■ 중요 판시사항

[1] 비법인사단 대표자에게 적법한 대표권이 있는지는 소송요건에 관한 것으로서 직권조사사항이므로, 법원이 사실과 증거를 직권으로 탐지할 의무까지는 없으나, 제출된 자료들에 의하여 대표권의 적법성을 의심할 만한 사정이 엿보인다면 상대방이 이를 구체적으로 다투지 않더라도 이에 관하여 심리·조사할 의무가 있다.

[2] 법인이나 비법인사단을 상대로 대표자지위부존재확인을 구하는 소송에서 단체를 대표할 자는 지위부존재확인의 대상이 된 대표자이나, 대표자에게 직무집행정지가처분 결정이 내려진 경우에는, 가처분 결정에 특별한 정함이 없는 한 그 대표자는 본안소송에서 단체를 대표할 권한을 포함한 일체의 직무집행에서 배제된다.

[3] 원고가 단체를 상대로 직무집행정지가처분 결정이 내려진 대표자의 대표자지위부존재 확인의 소를 제기하면서 그 대표자를 단체의 대표자로 표시한 소장을 제출하고 그 대표자에게 소장 부본이 송달되어 소송절차가 진행되었다면, 소장 부본이 단체에 적법·유효하게 송달되었다고 볼 수 없고 그 대표자가 단체를 대표하여 한 소송행위나 원고가 그 대표자에 대하여 한 소송행위는 모두 무효가 된다.

[4] 법인의 대표자에게 대표권이 없는 경우 법원은 흠을 보정할 수 없음이 명백한 사정이 있지 않는 한 기간을 정하여 이를 보정하도록 명할 의무가 있고, 이러한 대표권의 보정은 항소심에서도 가능하다.

> **사실관계**
>
> A가 비법인사단을 상대로 甲이 비법인사단의 대표자지위에 있지 아니한다는 확인을 구하는 소를 제기하면서, 소장에 비법인사단의 대표자를 '甲'으로 표시하였고 제1심은 甲을 비법인사단의 대표자로 하여 소송절차가 진행된 후 원고 청구인용 판결이 선고되었다. 그런데 소 제기 전에 甲에 대하여 직무집행정지가처분결정이 내려진 상태였다. 이에 甲이 비법인사단의 대표자로서 항소장을 제출하자 원심은 甲에게 비법인사단을 대표할 권한이 없어 항소가 부적법하다는 이유로 항소를 각하하였다.
>
> 대법원은 원심으로서는 원고에게 보정을 명하여 소장에 표시된 비법인사단의 대표자를 적법한 대표권이 있는 사람으로 정정하도록 하고, 보정이 이루어지면 적법한 대표권이 있는 사람에게 소장 부본을 송달함으로써 소송계속의 효과가 발생하도록 하는 등의 조치를 취해야 한다고 판시하였다.

■ 관련 쟁점

① 이사선임결의의 무효나 취소 또는 이사해임의 소가 제기된 경우 법원은 당사자의 신청에 의하여 가처분으로써 이사의 직무집행을 정지할 수 있고 또는 직무대행자를 선임할 수 있다. 급박한 사정이 있는 때에는 본안소송의 제기 전에도 그 처분을 할 수 있다(제407조 제1항).(변호 18, 19, 20, 모의 19, 21, 22)

② 퇴임이사를 상대로 한 직무집행가처분 신청은 원칙적으로는 허용되지 않으나, 퇴임시 이사 원수가 충족된 경우에는 허용된다(대결 2009.10.29. 2009마1311).(모의 16, 19)

③ 이사직무집행정지가처분 신청 이후 해당 이사직을 사임한 동일인이 주주총회에서 다시 이사로 선임된 경우 가처분의 피보전권리는 인정되지 않는다(대판 1982.2.9. 80다2424).(모의 19)

④ 이사직무집행정지가처분에 있어서 피신청인은 이사이고, 회사는 피신청인 적격이 없다(대판 1982.2.9. 80다2424).(변호 21, 23, 24, 모의 19)

⑤ 직무집행정지가처분에 의해 권한이 정지된 대표이사가 한 행위는 무효이다(대판 2008.5.29. 2008다4537). (변호 15, 23, 모의 19)

⑥ 주식회사의 이사나 감사를 피신청인으로 하여 그 직무집행을 정지하고 직무대행자를 선임하는 가처분이 있는 경우 특별한 사정이 없는 한 가처분결정으로 인하여 이사 등의 임기가 당연히 정지되거나 가처분결정이 존속하는 기간만큼 연장된다고 할 수 없다(대판 2020.8.20. 2018다249148).(변호 23, 24, 모의 23(2))

⑦ 직무대행자가 소집하는 정기주주총회 안건에 이사회구성의 변경이나 주주총회 특별결의사항 등 회사의 경영 및 지배에 영향을 미칠 수 있는 것이 포함되어 있다면 그 안건의 범위에서 정기주주총회의 소집은 상무에 속하지 않는다(대판 2007.6.28. 2006다62362).(변호 21, 모의 19)

08 **전단적 대표행위의 효력**(대판 2021.2.18. 2015다45451 전합) (변호 20, 22, 23, 24, 모의 14, 16, 18, 19, 21, 22)

■ 중요 판시사항

[1] 일정한 대외적 거래행위에 관하여 이사회결의를 거치도록 대표이사의 권한을 제한한 경우에도 특별한 사정이 없는 한 거래상대방으로서는 회사의 대표자가 거래에 필요한 회사의 내부절차를 마쳤을 것으로 신뢰하였다고 보는 것이 경험칙에 부합한다.

[2] 거래행위의 상대방인 제3자가 상법 제209조 제2항에 따라 보호받기 위하여 선의 이외에 무과실까지 필요하지는 않지만, 중대한 과실이 있는 경우에는 제3자의 신뢰를 보호할 만한 가치가 없다고 보아 거래행위가 무효라고 해석함이 타당하다.

[3] 제3자가 회사 대표이사와 거래행위를 하면서 회사의 이사회 결의가 없었다고 의심할 만한 특별한 사정이 없다면, 일반적으로 이사회 결의가 있었는지를 확인하는 등의 조치를 취할 의무까지 있다고 볼 수는 없다.

[4] 주식회사의 대표이사가 상법 제393조 제1항에 정한 '중요한 자산의 처분 및 양도, 대규모 재산의 차입 등의 행위'에 관하여 이사회의 결의를 거치지 않고 거래행위를 한 경우에도 거래행위의 효력에 관해서는 위에서 본 내부적 제한의 경우와 마찬가지로 보아야 한다.

■ 관련 쟁점

① 주식회사가 영업의 전부 또는 중요한 일부를 양도한 후 주주총회의 특별결의가 없었다는 이유를 들어 스스로 그 약정의 무효를 주장하더라도 주주 전원이 그와 같은 약정에 동의한 것으로 볼 수 있는 등 특별한 사정이 인정되지 않는다면 위와 같은 무효 주장이 신의성실 원칙에 반한다고 할 수는 없다(대판 2018.4.26. 2017다288757).(변호 20, 23, 모의 18)[모의 18, 22]

② 신주발행은 주식회사의 업무집행에 준하는 것으로 대표이사가 권한에 기하여 신주를 발행한 이상 신주발행은 유효하고, 이사회결의가 없거나 하자가 있더라도 신주발행은 유효하다(대판 2007.2.22. 2005다77060,77077).(변호 12, 15, 18, 모의 13, 20)

③ 대표이사가 회사를 대표하여 파산신청을 할 경우 대표이사의 업무권한인 일상 업무에 속하지 않는 중요한 업무에 해당하여 이사회 결의가 필요하다(대결 2021.8.26. 2020마5520).

④ 소규모 주식회사에서는 대표이사가 특별한 사정이 없는 한 이사회 결의를 거칠 필요 없이 파산신청을 할 수 있다(대결 2021.8.26. 2020마5520).

09 대규모회사 사외이사의 감시의무 (대판 2022.5.12. 2021다279347)

■ 중요 판시사항

[1] 이사는 담당업무는 물론 대표이사나 업무담당이사의 업무집행을 감시할 의무가 있으므로 스스로 법령을 준수해야 할 뿐 아니라 대표이사나 다른 업무담당이사도 법령을 준수하여 업무를 수행하도록 감시·감독하여야 할 의무를 부담한다.

[2] 이사의 감시·감독 의무는 사외이사 등 회사의 상무에 종사하지 않는 이사라고 하여 달리 볼 것이 아니다.

[3] 대규모 회사의 업무집행을 담당하지 않는 사외이사 등은 내부통제시스템 구축을 촉구하는 등의 노력을 하지 않거나 내부통제시스템이 구축되어 있더라도 제대로 운영되지 않는다고 의심할 만한 사유가 있는데도 이를 외면하고 방치한 경우에 감시의무 위반으로 인정될 수 있다.

관련판례

① 이사는 이사회의 일원으로서 이사회에 상정된 안건에 관해 찬부의 의사표시를 하는 데 그치지 않고, 이사회 참석 및 이사회에서의 의결권 행사를 통해 대표이사 및 다른 이사들의 업무집행을 감시·감독할 의무가 있다. 이러한 의무는 사외이사라거나 비상근이사라고 하여 달리 볼 것이 아니다(대판 2019.11.28. 2017다244115).

② 외부감사인에 의한 감사가 있다고 해서 감사의 감사의무가 면제되거나 경감되지 않는다(대판 2019.11.28. 2017다244115).

③ 이사와 감사가 이사회 출석과 감사활동 등 기본적인 직무를 이행하지 않고, 회사를 실질적으로 운영하던 乙의 전횡과 유상증자대금 횡령 등 위법한 직무수행에 관한 감시·감독을 지속적으로 소홀히 한 경우, 이러한 이사와 감사의 임무해태와 乙의 유상증자대금 횡령으로 인한 회사의 손해 사이에 인과관계가 인정된다(대판 2019.11.28. 2017다244115).

④ 일정한 업무분장에 따라 회사의 일상적인 업무를 집행하는 업무집행이사는 회사의 업무집행을 전혀 담당하지 아니하는 평이사에 비하여 보다 높은 주의의무를 부담한다(대판 2008.9.11. 2007다31518).

⑤ 이사는 이사회에 상정된 의안에 대하여 찬부의 의사표시를 하는 데에 그치지 않고, 다른 업무담당이사의 업무집행을 전반적으로 감시할 의무가 있다. 따라서 이사가 다른 업무담당이사의 업무집행이 위법하다고 의심할 만한 사유가 있음에도 이를 방치한 때에는 이로 인한 회사의 손해에 대한 배상책임을 면할 수 없다(대판 2019.1.17. 2016다236131).(변호 22, 24, 모의 14, 17, 18)

⑥ 회사의 당기순손실이 발생하고 배당가능이익이 없는데도, 당기순이익이 발생하고 배당가능이익이 있는 것처럼 재무제표가 분식되어 주주에 대한 이익배당금 지급과 법인세 납부가 된 경우, 특별한 사정이 없는 한 회사는 그 분식회계로 인해 이익배당금과 법인세 납부액 상당의 손해를 입게 되었다고 봄이 상당하다(대판 2019.1.17. 2016다236131).(모의 22)[모의 22]

⑦ 대규모 회사에서 대표이사 및 업무담당이사들이 내부적인 사무분장에 따라 각자의 전문 분야를 전담하여 처리하는 것이 불가피할지라도 그러한 사정만으로 다른 이사들의 업무집행에 관한 감시의무를 면할 수는 없다(대판 2021.11.11. 2017다222368).

⑧ 대규모 회사의 대표이사가 내부통제시스템을 구축하고 그것이 제대로 작동되기 위한 노력을 하지 않거나 내부통제시스템을 통한 감시·감독의무의 이행을 의도적으로 외면한 결과 다른 이사 등의 위법한 업무집행을 방지하지 못하였다면, 대표이사로서 회사 업무 전반에 대한 감시의무를 게을리 한 것이라고 할 수 있다(대판 2021.11.11. 2017다222368).

10 이사의 충실의무와 경영판단원칙 (대판 2023.3.30. 2019다280481)

■ 중요 판시사항

[1] 이사는 법령 또는 정관의 목적 범위 내에서 회사경영에 관한 판단을 할 재량이 있다. 이사가 법령 위반 없이 합리적인 범위 내에서 정보를 충분히 수집·조사하고 검토한 다음, 회사의 최대 이익에 부합한다고 합리적으로 신뢰하고 신의성실에 따라 경영상 판단을 내렸고, 그 내용이 현저히 불합리하지 않고 통상의 이사의 합리적인 선택범위 안에 있다면, 비록 사후에 회사가 손해를 입게 되더라도 회사에 대하여 손해배상책임을 부담하지 않는다.

[2] 이사의 경영판단을 정당화할 수 있는 이익은 회사가 실제로 얻을 가능성이 있는 구체적인 것이어야 하고, 일반적이거나 막연한 기대에 불과하여 회사가 부담하는 비용이나 위험에 상응하지 않는 것이어서는 아니 된다.

[3] 이사가 대표이사나 다른 이사의 업무집행이 위법하거나 선관주의의무나 충실의무를 위반하였다고 의심할 만한 사유가 있음에도 고의 또는 과실로 감시의무를 위반하여 이를 방치한 때에는 이로 인해 회사가 입은 손해에 대하여 상법 제399조 제1항에 따른 배상책임을 진다.

[4] 소속 회사가 법령에 위반됨이 없이 동일한 기업집단에 속한 계열회사 주식을 취득하거나 제3자가 계열회사 주식을 취득하게 하는 계약을 체결하는 경우, 이사는 소속 회사의 입장에서 주식 취득의 목적이나 계약 내용에 따라 다음 사항을 검토하고 필요한 조치를 해야 한다.

[4-1] 계열회사가 실시하는 유상증자에 참여하는 경우, 이사는 계열회사의 소속 회사 영업기여도, 유상증자 참여가 소속회사에 미치는 재정적 부담, 계열회사의 재무상태 및 경영상황, 유상증자 참여로 소속 회사가 얻을 수 있는 이익, 유상증자에 참여하는 경우와 그렇지 않은 경우 계열회사에 미치는 영향 및 그로 인하여 소속 회사에 예상되는 이익과 불이익을 객관적 자료를 바탕으로 구체적으로 검토하여야 한다.

[4-2] 소속 회사가 지배하고 있는 계열회사에 대한 적대적 M&A를 저지하기 위해 계열회사 주식을 추가로 취득하는 경우, 이사는 소속 회사와 계열회사 사이의 영업적·재무적 관련성, 소속 회사의 계열회사에 대한 경영권 유지와 상실에 따른 이익과 불이익, 기업집단의 변경이나 지배권 상실에 따른 소속 회사의 사업지속 가능성, 소속 회사의 재무상황과 사업계획을 고려한 주식취득 비용의 적정성 등을 객관적 자료를 바탕으로 구체적으로 검토해야 한다.

[5] 이사의 회사에 대한 손해배상책임의 범위를 정할 때에는, 제반 사정을 참작하여 손해분담의 공평이라는 손해배상제도의 이념에 비추어 손해배상액을 제한할 수 있다. 이때에 손해배상액 제한사유에 관한 사실인정이나 제한비율을 정하는 것은, 그것이 형평의 원칙에 비추어 현저히 불합리한 것이 아닌 한 사실심의 전권사항이다.

11 이사 등의 자기거래에 대하여 사후에 이사회승인을 받은 경우 무효인 거래행위가 유효하게 되는지 여부(대판 2023.6.29. 2021다291712)

■ 중요 판시사항

[1] 상법 제398조는 이사 등과 회사 사이에 이익상반거래가 비밀리에 행해지는 것을 방지하고 이사회의 직무감독권 행사를 통하여 이사 등과 회사 간 거래의 공정성을 확보함으로써, 이사 등이 회사와의 거래를 통하여 자기 또는 제3자의 이익을 도모하고 회사와 주주에게 예기치 못한 손해를 입히는 것을 방지하기 위함이다.

[2] 이사 등이 자기 또는 제3자 계산으로 회사와 거래를 하면서 사전에 상법 제398조에 따른 이사회 승인을 받지 않았다면 특별한 사정이 없는 한 그 거래는 무효이고, 사후에 이사회 승인을 받았더라도 특별한 사정이 없는 한 무효인 거래행위가 유효로 되는 것은 아니다.

[3] 이사 등이 회사와의 거래에 관한 중요사실을 밝히지 않은 채 거래가 이익상반거래로서 공정한지에 관한 심의가 이루어진 것이 아니라 통상의 거래로서 이를 허용하는 이사회결의가 이루어진 경우에는 상법 제398조가 정하는 이사회 승인이 있다고 할 수 없다.

사실관계

甲회사의 대표이사 A는 자신의 딸인 B에게 甲회사 소유 부동산에 대한 매매계약을 체결하고 甲회사 소유 부동산을 B에게 매각하였다. A는 위 부동산 매각과 관련하여 甲회사의 이사회 승인을 얻은 사실이 없었다. 위와 같은 매각 결과 甲회사는 해당 부동산을 사용·수익하지 못하는 손해를 입게 되었고, 이에 甲회사 주주 C가 적법한 절차를 거쳐 주주대표소송을 제기하였다. 주주대표소송에서 상법 제398조에서 정한 이사회 승인 여부가 문제되자 A는 소송계속 중 사후적으로 甲회사의 이사회를 개최하였고, 이사회에서 위 매각에 대한 승인결의가 이루어졌다. 대법원은, 위 동산 매매는 상법 제398조에서 정한 이사회의 승인 없이 이루어진 것으로서 무효이고, 이 사건 소송 계속 중 사후적으로 이루어진 이사회의 승인으로 인하여 이 사건 부동산 매매가 유효로 된다고 볼 수 없다고 판시하였다.

■ 관련 쟁점

① 이사회의 승인이 필요한 이사와 회사의 거래에는 이사가 상대방의 대리인이나 대표자로서 회사와 거래를 하는 경우와 같이 회사와 이사 사이에 이해충돌의 염려 내지 회사에 불이익을 생기게 할 염려가 있는 거래도 해당된다(대판 2017.9.12. 2015다70044).

② 이사 자기거래에 해당하는 회사 채무부담행위에 대하여 주주 전원이 이미 동의하였다면 회사는 이사회 승인이 없었음을 이유로 책임을 회피할 수 없다(대판 2017.8.18. 2015다5569).

③ 이사 자기거래에 대한 승인은 주주 전원의 동의가 있다거나 그 승인이 정관에 주주총회 권한사항으로 정해져 있는 경우 등의 특별한 사정이 없는 한 이사회의 전결사항이므로, 이사회승인을 받지 못한 자기거래에 대하여 아무런 승인 권한이 없는 주주총회에서 사후적으로 추인 결의를 하였다 하여 그 거래가 유효하게 될 수는 없다(대판 2007.5.10. 2005다4284).(변호 12, 19, 22, 모의 19)

④ 자본금 총액이 10억 원 미만으로 이사가 1명 또는 2명인 회사의 경우 이사가 자기 또는 제3자의 계산으로 회사와 거래를 하기 전에 주주총회에서 해당 거래에 관한 중요사실을 밝히고 주주총회의 승인을 받지 않았다면, 특별한 사정이 없는 한 그 거래는 무효라고 보아야 한다(대판 2020.7.9. 2019다205398).

사실관계

자본금 총액이 10억 원 미만인 甲회사의 이사 2인 중 한 명인 A가 주주총회결의 없이 甲회사와 주식양수도계약을 체결하였는데, 주식양수도계약 체결 당시 A가 대표이사로 있던 乙회사가 甲회사 발행 주식 65%를 보유하고 있었고, 甲회사는 A로부터 지급받은 주식양도대금을 乙회사에 대여하였다. 대법원은 위와 같은 사실만으로는 甲회사의 주주총회결의 없이 이루어진 甲회사와 A 사이의 주식양수도계약을 유효로 볼 수 없다고 판시하였다.

12 이사, 감사의 임무해태로 인한 회사의 손해배상채권의 소멸시효 및 업무집행지시자에 대한 회사의 손해배상채권의 소멸시효(대판 2023.10.26. 2020다236848)

■ 중요 판시사항

[1] 상법 제399조 제1항, 제414조 제1항에서 규정하고 있는 주식회사의 이사 또는 감사의 회사에 대한 임무 해태로 인한 손해배상책임은 위임관계로 인한 채무불이행책임이므로 그에 따른 손해배상채권에 민법 제766조 제1항의 단기소멸시효가 적용되지 않는다.

[2] 상법 제401조의2 제1항에서 정한 업무집행지시자 등의 손해배상책임은 상법에 의하여 이사로 의제되는 데 따른 책임이므로 그에 따른 손해배상채권에 일반 불법행위책임의 단기소멸시효를 규정한 민법 제766조 제1항이 적용되지 않는다.

13 감사의 이사회 출석 및 의견진술이 업무방해죄의 업무에 해당하는지 여부

(대판 2023.9.27. 2023도9332)

■ 중요 판시사항

[1] 이사회의 구성 및 운영 주체는 이사들이고, 개별 이사회에서 이루어지는 심의·의결 등 업무는 감사가 그 주체로서 행한 업무에 해당하지 아니하므로, 감사의 특정 이사회 출석 및 의견 진술은 감사의 본래 업무와 밀접불가분의 관계에 있는 부수적인 업무라고 보기 어렵다.

[2] 甲농협의 조합장을 비롯한 경영진이나 직원들이 이사회에 부의된 안건과 관련하여 이사회에서 하는 보고 또는 설명의 상대방은 이사회의 구성원인 이사들에 한정되는 것으로 볼 수 있을 뿐 이사회 구성원이 아닌 감사 등까지 포함되지 않는다.

[3] 피고인들이 공모하여 이사회에서 '급여규정 일부 개정안'에 대하여 허위로 설명 또는 보고하거나 개정안과 관련하여 허위의 자료를 작성하여 제시한 행위는 이사들의 업무를 방해한 것으로 볼 수 있을 뿐, 이사회에 참석한 감사의 업무를 방해한 것으로 보기는 어렵다.

14 자본금의 총액이 10억 원 미만으로 감사를 선임하지 아니한 주식회사가 이사에 대하여 소를 제기하는 경우, 대표이사가 그 소송에 관하여 회사를 대표할 권한이 있는지 여부(대판 2023.6.29. 2023다210953)

■ 중요 판시사항

[1] 법인이 당사자인 사건에서 그 법인의 대표자에게 적법한 대표권이 있는지 여부는 소송요건에 관한 것으로서 법원의 직권조사사항이므로, 법원은 그 판단의 기초자료인 사실과 증거를 직권으로 탐지할 의무까지는 없다고 하더라도 이미 제출된 자료들에 의하여 그 대표권의 적법성에 의심이 갈 만한 사정이 엿보인다면, 상대방이 이를 구체적으로 지적하여 다투지 않더라도 이에 관하여 심리·조사할 의무가 있다.

[2] 자본금 총액이 10억 원 미만으로 감사를 선임하지 아니한 주식회사가 이사에 대하여 소를 제기하는 경우에 회사, 이사 또는 이해관계인은 법원에 회사를 대표할 자를 선임하여 줄 것을 신청하여야 하고(제409조 제5항), 이 경우 법원이 대표이사를 소송에서 회사를 대표할 자로 선임하였다는 등의 특별한 사정이 없는 이상 대표이사는 그 소송에 관하여 회사를 대표할 권한이 없다.

사실관계

甲주식회사의 자본금 총액이 5,000만 원이고, 감사가 선임되어 있지 않다. 甲회사는 상법 제409조 제5항에서 정한 대표자선임 절차를 거치지 않은 채 대표자를 대표이사 A로 표시하여 甲회사 이사인 B를 상대로 소송을 제기하였다. 원심은 A가 甲회사를 대표할 권한이 있다고 보아 본안에 나아가 판단하였으나, 대법원은 A는 甲회사를 대표하여 甲회사 이사를 상대로 소를 제기할 권한이 없으므로 위 소송은 대표권 없는 자에 의하여 제기된 것으로서 부적법하다고 판시하였다.

■ 중요 판시사항

[1] 상법 제403조 제2항에 따라 이사의 책임추궁을 요구하는 서면에 기재되어야 하는 '이유'에는 책임추궁 대상 이사, 책임발생 원인사실에 관한 내용이 포함되어야 한다.

[2] 주주가 상법 제403조 제2항에 따라 제출한 서면에 책임추궁 대상 이사의 성명이 기재되어 있지 않거나 책임발생 원인사실이 다소 개략적으로 기재되어 있더라도, 회사가 서면기재 내용, 이사회 의사록 등 회사보유 자료 등을 종합하여 책임추궁 대상 이사, 책임발생 원인사실을 구체적으로 특정할 수 있다면 적법하다.

관련판례

① 이사가 주식소각 과정에서 법령을 위반하여 회사에 손해를 끼친 경우 감자무효판결의 확정여부와 관계없이 상법 제399조 제1항에 따라 회사에 대하여 손해배상책임을 부담한다(대판 2021.7.15. 2018다298744).

② 주주가 상법 제403조 제2항에 따른 서면(이하 '제소청구서'라 한다)을 제출하지 않고 대표소송을 제기하거나 대표소송에서 제소청구서에 기재된 책임발생 원인사실과 무관한 사실관계를 기초로 청구를 하였다면 그 대표소송은 상법 제403조 제4항의 사유가 있다는 등의 특별한 사정이 없는 한 부적법하다(대판 2021.7.15. 2018다298744).(변호 23)

③ 주주가 대표소송에서 주장한 이사의 손해배상책임 사유가 제소청구서에 적시된 것과 차이가 있더라도 제소청구서의 사실을 기초로 법적 평가만을 달리한 것이라면 그 대표소송은 적법하다. 주주는 대표소송 계속 중에 제소청구서 책임발생 원인사실을 기초로 하면서 법적 평가만을 달리한 청구를 추가할 수도 있다(대판 2021.7.15. 2018다298744).(변호 23)

④ 이사의 회사에 대한 손해배상채무는 채무불이행으로 인한 손해배상채무로서 이행 기한의 정함이 없는 채무이므로 이사는 이행청구를 받은 때부터 지체책임을 진다(대판 2021.5.7. 2018다275888).(변호 24)

16 회계장부열람등사청구 (대판 2022.5.13. 2019다270163)

■ 중요 판시사항

[1] 주주가 제출하는 회계장부열람·등사청구서에 붙인 '이유'는 회사가 열람·등사에 응할 의무의 존부를 판단하거나 열람·등사에 제공할 회계장부와 서류의 범위 등을 확인할 수 있을 정도로 기재되면 충분하고, 이유가 사실일지도 모른다는 합리적 의심이 생길 정도로 기재하거나 이유를 뒷받침하는 자료를 첨부할 필요는 없다.

[2] 주주가 제출한 이유 자체로 내용이 허위이거나 목적이 부당함이 명백한 경우 열람·등사청구는 허용될 수 없고, 이른바 모색적 증거 수집을 위한 열람·등사청구도 허용될 수 없다.

[3] 주주로부터 열람·등사청구를 받은 회사는 열람·등사청구의 부당성, 이를테면 열람·등사청구가 허위사실에 근거한 것이라든가 부당한 목적을 위한 것이라든가 하는 사정을 주장·증명함으로써 열람·등사의무에서 벗어날 수 있다.

관련판례

주주는 회사를 상대로 주주명부 열람·등사를 청구할 수 있고, 회사의 이행보조자에 불과한 명의개서대리인에게 직접 주주명부 열람·등사를 청구할 수는 없다(대결 2023.5.23. 2022마6500).

■ 관련 쟁점

① 자회사의 회계서류는 그 서류가 모회사에 보관되어 있고, 모회사의 회계상황을 파악하기 위한 근거자료로서 필요한 경우, 모회사의 회계서류로서 모회사 소수주주의 열람등사청구 대상이 될 수 있다(대판 2001.10.26. 99다58051).(변호 14, 모의 13, 17)

② 소수주주의 회계장부열람등사청구권은 회사에 대하여 회생절차가 개시되더라도 배제되지 않는다 (대결 2020.10.20. 2020마6195).

③ 주주의 열람등사권의 행사가 회사업무의 운영 또는 주주 공동이익을 해치거나, 취득정보를 경업에 이용할 우려가 있거나, 회사에 지나치게 불리한 시기에 행사하는 경우 등에는 정당한 목적을 결하여 부당한 것으로 인정된다(대결 2004.12.24. 2003마1575).(변호 14, 20, 모의 17)

④ 주주가 적대적 기업인수를 시도하고 있다는 사정만으로는 주주의 회계장부열람등사청구가 부당하다고 볼 수 없다(대결 2014.7.21. 2013마657).(모의 17, 18)[변호 24]

17 상장회사의 신용공여금지(대판 2021.4.29. 2017다261943) (변호 24)

■ 중요 판시사항

[1] 상법상 상장회사 신용공여금지 조항은 강행규정으로 이에 위반한 신용공여는 무효이고, 누구나 무효를 주장할 수 있으며, 이사회 사전 승인이나 사후 추인이 있어도 유효로 될 수 없다.

[2] 상법상 상장회사 신용공여금지 조항을 위반한 신용공여이더라도 제3자가 그에 대해 알지 못하였고 알지 못한 데에 중과실이 없는 경우에는 그 제3자에게 무효를 주장할 수 없다.

■ 관련 쟁점

① 회사는 다른 회사의 무한책임사원이 되지 못한다(제173조).

② 회사의 권리능력은 회사 설립 근거가 된 법률과 정관상 목적에 의하여 제한되나, 목적범위 내의 행위란 정관에 명시된 목적뿐만 아니라, ㉠ 목적수행에 직접, 간접으로 필요한 행위는 모두 포함되고, ㉡ 목적수행에 필요한지 여부는 행위의 객관적 성질에 따라 판단한다(대판 1999.10.8. 98다2488). (변호 12)

③ 회사를 대표하는 사원이 그 업무집행으로 인하여 타인에게 손해를 가한 때에는 회사는 그 사원과 연대하여 배상 책임을 부담한다(제210조).(변호 19)

제3절 사채, 회계, 회사의 구조조정 등

01 신주인수권부사채발행무효의 소 (대판 2022.10.27. 2021다201054)

■ 중요 판시사항

[1] 신주인수권부사채 발행도 주식회사의 물적 기초와 주주들의 이해관계에 영향을 미친다는 점에서 신주발행과 유사하므로, 신주발행무효의 소에 관한 상법 제429조가 유추적용된다.

[2] 신주인수권부사채 발행무효는 주주 등이 신주인수권부사채 발행일로부터 6월 내 소만으로 주장할 수 있고, 6월의 출소기간이 지난 뒤에는 새로운 무효 사유를 추가할 수 없다.

[3] 신주인수권부사채에 부여된 신주인수권의 행사나 그로 인한 신주발행에 대해서는 상법 제429조를 유추적용하여 신주발행무효의 소로써 다툴 수 있다. 이때에는 특별한 사정이 없는 한 신주인수권 행사나 그에 따른 신주발행에 고유한 무효 사유만 주장할 수 있고, 신주인수권부사채 발행이 무효라거나 그를 전제로 한 주장은 제기할 수 없다.

[4] 회사의 경영상 목적을 달성하기 위해 필요한 범위 안에서 정관이 정한 사유가 없는데도, 경영권 분쟁이 현실화된 상황에서 대주주나 경영진의 경영권이나 지배권 방어 목적으로 제3자에게 신주를 배정함으로써 주주의 신주인수권을 침해하여 회사 지배구조에 심대한 변화가 초래되고 기존 주주들의 회사에 대한 지배권이 현저하게 약화되는 경우 그러한 신주발행은 무효이다. 이는 신주인수권부사채를 제3자에게 발행하는 경우에도 마찬가지로 적용된다.

[5] 신주인수권부사채가 경영상 목적 없이 대주주의 경영권이나 지배권 방어 목적으로 제3자에게 발행되더라도 그 자체로는 기존 주주의 신주인수권을 침해하지 않고, 이후 대주주가 양수한 신주인수권을 행사하여 신주를 취득함으로써 기존 주주의 신주인수권이 침해되고 대주주의 경영권이나 지배권 방어 목적이 현실화된다.

[6] 이에 의하면 회사가 대주주의 경영권이나 지배권 방어 목적으로 제3자에게 신주인수권부사채를 발행하였다면 신주인수권부사채의 발행은 무효가 될 수 있고, 이런 사유는 그 발행일로부터 6월 이내에 신주인수권부사채발행무효의 소로써 다툴 수 있다.

[7] 대주주 등이 위와 같은 경위로 발행된 신주인수권부사채나 그에 부여된 신주인수권을 양수한 다음 신주인수권부사채 발행일부터 6월이 지난 후 신주인수권을 행사하여 신주를 취득하였다면, 이는 회사가 경영상 목적 없이 대주주 등에게 신주를 발행한 것과 동일하므로, 신주인수권 행사나 그에 따른 신주발행에 고유한 무효 사유에 준하여 신주발행무효의 소로도 신주 발행의 무효를 주장할 수 있다.

A주식회사(피고)의 정관은 경영상 긴급한 자금조달을 위하여 필요한 경우 이사회결의로 주주 이외의 금융기관 등에 신주인수권부사채를 발행할 수 있는 것으로 정하고 있다. A회사는 2016.6.30. 사모분리형신주인수권부사채를 발행하였고, B회사는 50억 상당의 위 신주인수권부사채를 인수하였다. 당시 C(원고)는 A회사 주식 10%, A회사의 대표이사인 D는 A회사 주식 22%를 보유하고 있었다. D는 2016.9.경 B회사로부터 신주인수권부사채의 신주인수권을 양수하였다. D가 2019.10.21. 신주인수권을 행사하자, A회사는 같은 날 보통주식 100,000주를 D에게 발행하였다. 신주인수권부사채 발행일로부터 6월 내 신주인수권부사채발행무효의 소가 제기되지 않았다.

C는 2019.11.19. A회사가 경영상 긴급한 자금조달의 필요성 없이 D의 경영권이나 지배권 강화 등을 목적으로 신주인수권부사채를 발행하였으므로 신주인수권부사채 발행과 D의 신주인수권 행사로 인한 신주발행은 무효라고 주장하면서 신주발행무효의 소를 제기하였다.

원심은 C(원고)가 신주인수권부사채 발행의 무효 사유만을 주장한다는 이유로 신주인수권부사채의 발행일로부터 제소기간을 기산하여 신주발행무효의 소가 부적법하다고 판단하였다. 대법원은 위와 같은 판시이유를 바탕으로 원심 판단에 신주발행무효의 소의 제소기간에 관한 법리오해가 있다고 보았다.

(대판 2022.6.30. 2022도3784)

신주인수권부사채 인수대금이 가장납입되어 실질적으로 신주인수권부사채 인수대금이 납입되지 않았음에도 신주인수권부사채를 발행한 경우, 특별한 사정이 없는 한 신주인수권부사채 발행 업무담당자에게 업무상 배임죄가 성립한다.

■ 중요 판시사항

[1] 주주의 이익배당청구권은 장차 이익배당을 받을 수 있다는 의미의 권리에 지나지 아니하여 이익 잉여금처분계산서가 주주총회에서 승인됨으로써 이익배당이 확정될 때까지는 주주에게 구체적이고 확정적인 배당금지급청구권이 인정되지 아니한다.

[2] 정관에서 회사에 배당의무를 부과하면서 배당금 지급조건이나 배당금액 산정방식을 구체적으로 정하고 있어 그에 따라 주주에게 배당할 금액이 일의적으로 산정되고, 대표이사나 이사회가 경영 판단에 따라 배당금 지급 여부나 시기, 배당금액 등을 달리 정할 수 있도록 하는 규정이 없다면, 정관에서 정한 지급조건이 갖추어지는 때에 주주에게 구체적이고 확정적인 배당금지급청구권이 인정될 수 있다.(변호 24)

[3] 이러한 경우 회사는 주주총회에서 이익배당 결의를 하지 않았다거나 정관과 달리 이익배당을 거부하는 결의를 하였다는 사정을 들어 주주에게 이익배당금의 지급을 거절할 수 없다.

관련판례 중간배당(대판 2022.9.7. 2022다223778)

① 연 1회 결산기를 정한 회사는 정관에 정함이 있으면 이사회 결의로 중간배당을 실시할 수 있으나 그 횟수는 영업연도 중 1회로 제한된다(제462조의3 제1항).

② 중간배당에 관한 이사회 결의가 성립하면 추상적으로 존재하던 중간배당청구권이 구체적인 중간배당금 지급 청구권으로 확정되므로, 중간배당에 관한 이사회 결의가 있으면 중간배당금이 지급되기 전이라도 당해 영업 연도 중 1회로 제한된 중간배당은 이미 결정된 것이고, 같은 영업연도 중 다시 중간배당에 관한 이사회 결의를 하는 것은 허용되지 않는다.

③ 이사회 결의로 주주의 중간배당금 지급청구권이 구체적으로 확정된 이상 그 청구권의 내용을 수정 내지 변경하는 내용의 이사회 결의도 허용될 수 없다.

03 합병반대주주와 회사 사이의 주식매매가액의 결정(대결 2022.4.14. 2016마5394)

■ 중요 판시사항

[1] 상장회사 합병 등에 반대하는 주주가 주식매수를 청구하고 주주와 회사 간에 매수가격에 대한 협의가 이루어지지 아니하여 주주 또는 회사가 법원에 매수가격의 결정을 청구한 경우, 법원은 원칙적으로 회사의 시장주가를 참조하여 매수가격을 산정하여야 한다.

[2] 법원은 공정한 매수가격을 산정한다는 매수가격 결정 신청사건의 제도적 취지와 개별 사안의 구체적 사정을 고려하여 합리적으로 결정할 수 있다.

[3] 법원으로서는 당사자의 주장에 구애되지 아니하고 주식의 공정한 가격이 얼마인지 직권으로 사실조사를 하여 산정할 수 있다.

제3장 | 주식회사 이외의 회사

01 합자회사 무한책임사원의 업무집행권 및 대표권(대판 2021.7.8. 2018다225289)

■ 중요 판시사항

[1] 합자회사 업무집행사원의 권한상실을 선고하는 판결은 형성판결로서 그 판결 확정에 의하여 업무집행권이 상실되면 대표권도 함께 상실된다.

[2] 합자회사 무한책임사원이 판결에 의해 업무집행권 및 대표권을 상실하였다면, 그 후 어떠한 사유로 합자회사의 유일한 무한책임사원이 되었다는 사정만으로는 형성판결인 업무집행권한의 상실을 선고하는 판결의 효력이 당연히 상실되고 해당 무한책임사원의 업무집행권 및 대표권이 부활한다고 볼 수 없다.

[3] 업무집행권한의 상실을 선고받은 합자회사 무한책임사원이 다시 업무집행권이나 대표권을 갖기 위해서는 정관이나 총사원의 동의로 새로 그러한 권한을 부여받아야 한다.(변호 24)

[4] 합자회사에서 무한책임사원들만으로 업무집행사원이나 대표사원을 선임하도록 정한 정관의 규정은 유효하고, 그 후의 사정으로 무한책임사원이 1인이 된 경우에도 특별한 사정이 없는 한 여전히 유효하다.

[5] 판결로 업무집행권한상실을 선고받아 업무집행권 및 대표권을 상실한 무한책임사원이 이후 다른 무한책임사원이 사망하여 퇴사하는 등으로 유일한 무한책임사원이 되더라도 업무집행권한을 상실한 무한책임사원이 위 정관을 근거로 단독으로 의결권을 행사하여 자신을 업무집행사원이나 대표사원으로 선임할 수는 없다.

■ 관련 쟁점

① 합자회사 유한책임사원에게 업무집행권을 부여할 수 있으나 대표권을 부여할 수는 없다(대판 1977.4.26. 75다1341).(모의 22)

② 무한책임사원 1인뿐인 합자회사는 업무집행사원에 대한 권한상실선고가 허용되지 않는다(대판 1977.4.26. 75다1341).(모의 21)

제4편

보험 및 어음법

01 면책사유와 자살 (대판 2021.2.4. 2017다281367) (모의 13)

■ 중요 판시사항

[1] 사망을 보험사고로 하는 보험계약에서 자살을 보험자의 면책사유로 규정하고 있는 경우에도 피보험자가 우울장애로 자유로운 의사결정을 할 수 없는 상태에서 자살을 한 것이라면, 그 사망은 피보험자의 고의에 의하지 않은 우발적인 사고로서 보험사고인 사망에 해당할 수 있다.

[2] 甲이 교사로 근무하던 중 우울증으로 자살에 이른 경우, 주요우울장애로 자유로운 의사결정을 할 수 없는 상태에 이르러 자살하였다고 볼 만한 의학적 견해가 증거로 제출되었다면 함부로 이를 부정할 수 없다.

[3] 보험금청구권의 소멸시효는 특별한 사정이 없는 한 보험사고가 발생한 때부터 진행한다. 그러나 객관적으로 보험사고 발생사실을 확인할 수 없는 사정이 있는 경우에는 보험금청구권자가 보험사고 발생을 알았거나 알 수 있었던 때부터 보험금청구권의 소멸시효가 진행한다.

관련판례

① 망인이 과거 주요우울병 등을 진단받았고 우울증을 겪으며 반복적으로 죽음을 생각해 왔으며, 자살 무렵 신체적·경제적·사회적 문제로 망인의 상황이 지극히 나빠졌고, 자살 직전 술을 많이 마셔 우울증세가 급격히 악화된 경우 자유로운 의사결정을 할 수 없는 상태에서 자살에 이르렀다고 판단할 여지가 충분하다(대판 2023.5.18. 2022다238800).

② '급격하고도 우연한 외래의 사고'는 상해 또는 사망의 원인이 피보험자의 신체적 결함, 즉 질병이나 체질적 요인 등에 기인한 것이 아닌 외부적 요인에 의해 초래된 모든 것을 의미한다. 이러한 사고의 외래성 및 상해 또는 사망이라는 결과와 사이의 인과관계는 보험금청구자에게 증명책임이 있다(대판 2023.4.27. 2022다303216).

③ 계약자유의 원칙상 태아를 피보험자로 하는 상해보험계약은 유효하고, 보험계약에 따라 보험기간이 개시된 이상 출생 전이라도 태아가 보험사고로 상해를 입었다면 이는 보험기간 중에 발생한 보험사고에 해당한다(대판 2019.3.28. 2016다211224).

02 손해방지비용(대판 2022.3.31. 2021다201085(본소),201092(반소))

■ 중요 판시사항

[1] 손해방지비용이란 보험자가 담보하고 있는 보험사고가 발생한 경우에 보험사고로 인한 손해발생을 방지하거나 손해확대를 방지함은 물론 손해를 경감할 목적으로 하는 행위에 필요하거나 유익하였던 비용을 말하는 것으로서, 원칙적으로 보험사고의 발생을 전제로 한다.

[2] 방수공사 중 누수 부위나 원인을 찾는 작업과 관련된 탐지비용, 누수를 직접 원인으로 해서 제3자에게 손해가 발생하는 것을 미리 방지하는 작업이나 이미 제3자에게 발생한 손해의 확대를 방지하는 작업과 관련된 공사비용은 손해방지비용에 해당할 수 있다.

03 보험자대위의 제3자(대판 2024.5.9. 2022다290648)

■ 중요 판시사항

[1] 보험자대위에 의하여 보험자가 제3자에 대한 보험계약자 또는 피보험자의 권리를 행사하기 위해서는 손해가 제3자의 행위로 인하여 생긴 경우라야 하고, 이 경우 제3자는 피보험자 이외의 자를 의미한다.

[2] 자동차책임보험약관이 기명피보험자의 승낙을 얻어 자동차를 사용·관리 중인 자도 피보험자로 정하고 있다면, 이러한 승낙피보험자의 행위로 인하여 보험사고가 발생한 경우 보험자가 보험자대위에 의하여 그 권리를 취득할 수 없다.

04 **피해자의 직접청구권과 보험자대위권의 관계**(대판 2023.4.27. 2017다239014)

■ 중요 판시사항

[1] 책임보험계약의 피보험자의 과실로 발생한 화재로 다수 피해자가 손해를 입었으나 책임보험 한도액이 다수 피해자의 손해 합계액에 미달하는 경우, 피해자들은 책임보험자에 대하여 직접청구권을 행사하여 책임보험 한도액의 범위 내에서 각자 전보받지 못하고 남은 손해의 배상을 청구할 수 있다.

[2] 피해자와 체결한 화재보험계약에 따라 보험금으로 피해자의 손해를 전부 보상한 화재보험자가 책임보험자에게 보험자대위로 직접청구를 하는 경우, 화재보험자는 직접청구권을 행사하는 다른 피해자들보다 우선하여 책임보험금을 지급받을 수 없고 특별한 사정이 없는 한 피해자들에 대한 책임보험금 지급이 이루어진 다음 책임보험 한도액에 남은 금액이 있다면 지급받을 수 있을 뿐이다.

■ 관련 쟁점

① 손해보험의 보험사고에 관하여 동시에 손해배상책임을 지는 제3자가 있어 피보험자가 그를 상대로 손해배상청구를 하는 경우, 피보험자는 보험자로부터 수령한 보험금으로 전보되지 않고 남은 손해에 관하여 제3자를 상대로 손해배상을 청구할 수 있다(대판 2019.11.15. 2019다240629).(모의 17)

② 피해자의 직접청구권의 법적 성질은 보험자가 피보험자의 피해자에 대한 손해배상채무를 병존적으로 인수한 것으로서 피해자가 보험자에 대하여 가지는 손해배상청구권이고, 피보험자의 보험자에 대한 보험금청구권의 변형 내지는 이에 준하는 권리가 아니다(대판 2019.5.30. 2016다205243).(변호 18, 모의 13)

③ 피해자의 직접청구권에 대한 지연손해금에 관하여는 연 6%의 상사법정이율이 아닌 연 5%의 민사법정이율이 적용된다(대판 2019.5.30. 2016다205243).

④ 피해자의 직접청구권에 따라 보험자가 부담하는 손해배상채무는 보험계약을 전제로 하는 것으로서 보험계약에 따른 보험자의 책임 한도액의 범위 내에서 인정된다(대판 2019.1.17. 2018다245702).(변호 18, 모의 13)

⑤ 피해자의 직접청구권에 따라 보험자가 부담하는 손해배상채무와 피보험자의 손해배상채무는 연대채무관계에 있다(대판 2018.10.25. 2018다234177).

⑥ 보험자가 피해자에게 책임보험금 일부를 지급함으로써 채무승인 사유가 발생하여 피해자의 직접청구권의 소멸시효가 중단되었더라도, 그 사유만으로 피해자의 가해자에 대한 손해배상채권의 소멸시효가 중단되지 않는다(대판 2018.10.25. 2018다234177).(모의 17)

05 중복보험 보험자 보험금 지급의 성격 (대판 2024.2.15. 2023다272883)

■ 중요 판시사항

[1] 변제를 목적으로 하는 급부가 이루어졌으나 그 급부에 법률상 원인이 없는 경우 그 급부는 비채변제에 해당하여 부당이득으로 반환되어야 한다. 이러한 급부부당이득의 반환은 법률상 원인 없는 변제를 한 주체가 청구할 수 있다.

[2] 채무자가 자신의 채무에 관하여 스스로 또는 이행보조자를 사용하여 법률상 원인 없는 변제를 한 경우에는 채무자, 제3자가 타인의 채무에 관하여 법률상 원인 없는 변제를 한 경우에는 제3자가 각각 변제의 주체로서 그 변제로서 이루어진 급부의 반환을 청구할 수 있다.

[3] 이러한 변제 주체에 대한 증명책임은 자신이 변제 주체임을 전제로 변제에 법률상 원인이 없다고 주장하며 부당이득 반환청구를 하는 사람에게 있다.

사실관계

甲은 자신을 피보험자로 하여 A보험회사 및 B보험회사와 중복보험계약을 체결하였다. 甲이 보험사고로 상해를 입자 B보험회사는 자신의 부담부분 4천만 원과 A보험회사의 부담부분 4천만 원의 합계 8천만 원을 甲에게 지급하고 A보험회사로부터 4천만 원을 지급받았다. 이후 甲에 대한 보험금지급사유가 없었음이 밝혀지자 A보험회사는 자신이 B보험회사에 지급한 4천만 원 상당의 부당이득 반환을 甲에게 청구하는 소를 제기하였다.

원심은 B보험회사가 자기의 부담부분인 4천만 원을 넘어 A보험회사의 부담부분인 4천만 원까지 추가로 지급한 것은 A보험회사가 甲에게 부담하는 보험금 지급채무를 대신하여 이행한 것에 불과하다는 이유로, 이러한 추가 지급 부분에 관한 부당이득 반환청구의 주체는 甲과 직접 법률관계를 맺고 손해를 입은 A보험회사라고 보았다.

대법원은 제반 사정을 종합하여 보면 B회사가 변제 주체로 평가될 여지가 크다고 보아, 이와 달리 B회사가 A회사를 대신하여 4천만 원의 보험금을 지급한 것일 뿐이므로 A회사가 그 보험금 상당액의 부당이득 반환청구를 할 수 있다고 판단한 원심판결을 파기·환송하였다.

06 생명보험(대판 2023.6.29. 2019다300934)

■ 중요 판시사항

[1] 생명보험은 피보험자의 사망, 생존, 사망과 생존을 보험사고로 하는 보험이다(제730조).

[2] 생명보험의 보험계약자가 자신을 피보험자로 하면서 자신이 생존할 때의 보험수익자로 자기 자신을, 자신이 사망할 때의 보험수익자로 상속인을 지정한 후 피보험자가 사망하여 보험사고가 발생한 경우, 보험금청구권은 상속인들의 고유재산이고 이를 상속재산이라고 할 수는 없다. 상속인들은 보험수익자의 지위에서 보험자에 대하여 보험금 지급을 청구할 수 있고 이러한 권리는 보험계약의 효력으로 당연히 생기는 것이기 때문이다.

[3] 보험계약이 피보험자의 사망, 생존, 사망과 생존을 보험사고로 하는 이상 이는 생명보험에 해당하고, 보험계약에서 다액인 보험료를 일시에 납입하여야 한다거나 사망보험금이 일시 납입한 보험료와 유사한 금액으로 산출되도록 설계되어 있다 하더라도 특별한 사정이 없는 한 생명보험으로서의 법적 성질이나 상속인이 보험수익자 지위에서 취득하는 사망보험금 청구권의 성질이 달라지는 것은 아니다.

사실관계

甲이 乙보험회사와 자신을 피보험자로 하는 상속연금형 즉시연금보험계약을 체결하고 보험료 1억 원을 일시에 납입하였는데, 위 보험계약은 보험수익자가 매월 생존연금을 지급받다가 만기가 도래하면 납입 보험료와 동일한 액수의 만기보험금을 지급받지만, 만기가 도래하기 전 피보험자가 사망하면 만기보험금 지급을 위해 적립된 금액과 일정 금액을 합산한 액수의 사망보험금을 받는 내용의 보험으로, 甲은 자신이 생존할 경우의 보험수익자를 자기 자신으로, 사망할 경우의 보험수익자를 상속인으로 지정하였고, 그 후 甲이 생존연금을 지급받다가 만기가 도래하기 전 사망하여 공동상속인인 丙 등이 보험수익자로서 보험계약에 따른 사망보험금을 수령하였다.

대법원은 위와 같은 이유로 사망보험금이 납입 보험료와 액수가 유사하게 산출된다 하여 피상속인의 생전 보유 재산인 보험료 납입 재원과 동일한 것으로 평가하기 어렵고, 생명보험계약의 법적 성질이 달라지지도 않으며, 보험수익자가 보험계약에 따라 사망보험금을 수령한 것은 고유재산인 자신들의 보험금청구권을 추심하여 만족을 얻은 것이고, 상속재산에 대한 처분행위로 볼 수 없다고 판시하였다.

07 원인채무와 어음채무_(대판 2022.5.13. 2018다224781)

■ 중요 판시사항

[1] 원인채무의 지급을 위해 어음을 배서양도 한 경우 원인채무와 어음상 채무가 병존하고 있다가 나중에 어음금이 지급되어 어음상 채무가 소멸하면 원인채무도 함께 소멸한다.

[2] 어음금 지급행위가 채무자회생법에 따라 부인되어 어음소지인인 상대방이 어음금을 반환한 때에는 채무자회생법에 따라 소멸했던 어음상 채권이 회복되고 어음상 채권의 소멸로 인해 함께 소멸했던 원인채권도 회복된다.

[3] 어음발행인(어음채무자)이 어음소지인(원고)에게 어음금을 변제한 이후, 어음발행인인 회생회사의 관리인이 그 어음금변제에 관하여 부인권을 행사함으로써 변제받은 어음금을 반환하게 된 어음소지인이, 어음배서인 겸 자신의 물품대금채무자였던 피고를 상대로, 위 부인권 행사로 어음상 채권(상환청구권)과 원인채권(물품대금채권)이 모두 회복되었다고 주장하며 원인채권(물품대금)의 지급을 구하는 경우 어음상 채권과 함께 그 원인채권도 회복된다.

■ 중요 판시사항

[1] 수표상의 권리가 절차의 흠결로 인하여 또는 소멸시효의 완성으로 말미암아 소멸될 당시 수표의 정당한 소지인으로서 그 수표상의 권리를 행사할 수 있었던 사람은 수표법 제63조에 따라 발행인 등에 대하여 그가 받은 이익의 한도에서 상환을 구할 수 있다.

[2] 이득상환청구권은 법률로 수표의 효력 소멸 당시 정당한 소지인에게 부여된 지명채권이고, 수표가 은행이 자신을 지급인으로 하여 발행한 자기앞수표에도 마찬가지이다.

[3] 따라서 자기앞수표의 정당한 소지인이 수표법상의 보전절차를 취하지 않고 지급제시기간을 경과하여 수표상의 권리가 소멸됨으로써 수표법 제63조에 따라 취득하게 되는 이득상환청구권 역시 지명채권에 해당한다.

[4] 지급제시기간이 경과한 자기앞수표는 이득상환청구권이 화체된 유가증권이 아니라 그 소지자가 이득상환청구권을 취득하였다는 점을 유력하게 뒷받침하는 증거증권이다. 그러므로 자기앞수표를 소지하지 않은 상태에서 자기앞수표의 이득상환청구권을 행사하고자 하는 사람은 다른 증거에 의하여 자신이 이득상환청구권자임을 증명하여 이득상환청구권을 행사할 수 있다.

[5] 세무서장은 구 국세징수법 제41조 제1항에 따라 자기앞수표를 발행한 은행 등에 체납처분에 의하여 압류한다는 뜻을 통지하는 방식으로 자기앞수표의 이득상환청구권을 압류할 수 있다(체납처분에 따른 유가증권 압류에 요구되는 점유는 요구되지 않음).

[6] 자기앞수표의 정당한 소지인이 수표법상의 보전절차를 취하지 않고 지급제시기간을 경과하여 수표상 권리가 소멸된 자기앞수표를 교부하는 경우, 특별한 사정이 없으면 자기앞수표의 이득상환청구권을 양도함과 동시에 그에 수반하여 이득을 얻은 발행인인 은행 등에 대하여 소지인을 대신해서 그 양도에 관한 통지를 할 수 있는 권능을 부여하는 것으로 볼 수 있다.

[7] 자기앞수표의 교부로 이득상환청구권을 양도하고 양도통지 권능을 부여하였다고 볼 수 있는 경우에도 자기앞수표 교부 사실 자체만으로는 당연히 민법 제450조 제2항에서 정한 채무자 이외의 제3자에 대한 대항요건이 갖추어졌다고 볼 수 없고, 그러한 대항요건을 갖출 필요가 없다고 인정되는 것도 아니다.

[8] 따라서 자기앞수표의 이득상환청구권의 양도에 관하여 양도통지 또는 채무자의 승낙이 확정일자 있는 증서에 의하여 이루어지지 않는 이상, 채무자인 자기앞수표 발행 은행 등은 이득상환청구권의 양도, 그에 기한 채무의 변제라는 사정을 들어 양도인의 위 채권에 대한 압류채권자 등 양수인의 지위와 양립할 수 없는 법률상 지위를 취득한 사람에게 대항할 수 없다.

> **사실관계**
>
> A는 B은행이 발행한 자기앞수표의 이득상환청구권을 B은행에 보유하고 있던 중 자기앞수표를 C에게 교부하여 양도하였다. 대한민국은 A에 대한 체납 처분으로 위 이득상환청구권을 압류하였는데 B은행은 위 압류 통지 이후에 자기앞수표를 지급제시한 C에게 수표금을 지급하였다.
>
> 이에 대한민국은 B은행에 대하여 위 압류에 따른 추심금의 지급을 청구하였고, 이에 대하여 B은행은 대한민국의 압류가 유가증권 압류 방식이 아닌 지명채권 압류 방식이어서 효력이 없고, 대한민국의 압류 통지 이전에 A가 C에게 자기앞수표를 교부하여 이득상환청구권을 양도하였다는 이유로 대한민국의 청구가 부당하다고 주장하였다.

대법원과 원심은 이득상환청구권이 지명채권이므로 자기앞수표의 이득상환청구권을 체납 처분절차에 따라 압류하기 위해서는 채무자인 은행에 압류 통지를 하는 것으로 충분하고, 그러한 압류 통지 도달 이전에 확정일자 있는 증서에 의한 이득상환청구권의 양도 통지 내지 승낙이 되지 않은 이상 B은행은 C에 대한 변제로써 대한민국에 대항할 수 없다고 판시하였다.

부록 I

선택형 예제

01 상인과 상사채권에 관한 다음 설명 중 옳지 않은 것은? (다툼이 있는 경우 판례에 의함)

① 세무사의 직무에 관한 채권이 상사채권에 해당한다고 볼 수 없으므로, 세무사의 직무에 관한 채권에 대하여는 민법 제163조 제5호에 따라 3년의 소멸시효가 적용된다.

② 수산업협동조합법에 의하여 설립된 수산업협동조합은 영리 또는 투기를 목적으로 하는 업무를 행하지 못하는 것이므로 이를 상인으로 볼 수 없다.

③ 상인이란 자기 명의로 상행위를 하는 자를 말하므로 행정관청에 대한 인·허가 명의나 사업자등록상의 명의와 실제 영업상 주체가 다를 경우 실제 영업상의 주체가 상인이 된다.

④ 의사나 의료기관을 상인으로 볼 수 없고, 의사가 의료기관에 대하여 갖는 급여, 수당, 퇴직금 등 채권은 상사채권이 아니다.

⑤ 변호사가 소속 법무법인에 대하여 갖는 급여채권은 상사채권으로 볼 수 없다.

해설

① [X] 변호사, 변리사, 공증인, 공인회계사 및 법무사의 직무에 관한 채권의 소멸시효기간을 3년으로 정한 민법 제163조 제5호는 세무사 등 유사한 직무를 수행하는 다른 자격사의 직무에 관한 채권에 대하여 유추적용 된다고 볼 수 없다. 세무사를 상법 제4조 또는 제5조 제1항이 규정하는 상인이라고 볼 수 없고, 세무사의 직무에 관한 채권이 상사채권에 해당한다고 볼 수 없으므로, 세무사의 직무에 관한 채권에 대하여는 민법 제162조 제1항에 따라 10년의 소멸시효가 적용된다(대판 2022.8.25. 2021다311111).

정답 ①

02 영업양도에 관한 다음 설명 중 옳지 않은 것은? (다툼이 있는 경우 판례에 의함)

① 영업양도란 일정한 영업목적에 의해 조직화된 물적·인적 조직을 동일성을 유지하며 이전하는 것으로서, 당사자 간의 명시적 또는 묵시적 계약이 있어야 한다.

② 영업양도의 목적이 채무를 변제하거나 변제자력을 얻기 위한 것이고 대금이 부당한 염가가 아니며 실제 이를 채권자에 대한 변제에 사용하거나 변제자력을 유지하고 있는 때에는 채무자가 일부 채권자와 통모하여 다른 채권자를 해칠 의사를 가지고 영업양도를 하는 등의 특별한 사정이 없는 한, 사해행위에 해당한다고 볼 수 없다.

③ 영업 출자로 주식회사를 설립하고 상호를 계속 사용하는 경우라 하더라도 영업양도와 현물출자는 엄격히 구별되므로 설립된 법인은 출자자의 채무를 변제할 책임을 지지 않는다.

④ 영업양도의 경우 등기나 인도 등 영업재산을 이루는 개개의 구성부분을 이전하는 이행행위도 함께 행해져야 한다.

⑤ 채무자가 영업을 양도함으로써 채무초과상태에 이르거나 이미 채무초과상태에 있는 것을 심화시킨 경우, 영업양도는 채권자취소권의 대상이 된다.

해설

③ [X] 영업 출자로 주식회사를 설립하고 상호를 계속 사용하는 경우, 영업양도는 아니나 출자목적이 된 영업개념이 동일하고 법률행위에 의한 영업이전이라는 점에서 영업양도와 유사하며 채권자의 입장에서는 외형상 양도와 출자를 구분하기 어려우므로 설립된 법인은 제42조 제1항의 규정의 유추적용에 의해 출자자의 채무를 변제할 책임이 있다(대판 1996.7.9. 96다13767).

정답 ③

03 영업양도인의 경업금지의무에 관한 다음 설명 중 옳지 않은 것은? (다툼이 있는 경우 판례에 의함)

① 양도인이 동종영업을 하지 않을 것을 약정한 때에는 동일 특·광·시·군과 인접 특·광·시·군에 한하여 20년을 초과하지 않는 범위 내에서 그 효력이 있다.

② 경업금지지역으로서의 동일 지역 또는 인접 지역인지 여부는 양도된 물적 설비가 있던 지역이 아니라 영업양도인의 통상적인 영업활동 지역을 기준으로 한다.

③ 영업양도계약에서 경업금지에 관하여 정함이 없는 경우 영업양수인은 영업양도인에 대해 상법 제41조 제1항에 근거하여 경업금지청구권을 행사할 수 있고, 이 경우 영업양도인은 10년간 경업금지의무를 부담한다.

④ 상업사용인이 경업금지의무를 부담하는 영업주의 영업부류에 속한 거래에는 보조적 상행위는 제외된다.

⑤ 영업양도계약에서 경업금지청구권의 양도를 허용하는 등의 특별한 사정이 없다면 양도된 영업을 다시 동일성을 유지한 채 전전양수한 전전양수인에 대해서는 최초 영업양도인에 대한 경업금지청구권이 인정되지 않는다.

해설

⑤ [×] 영업양도계약에서 경업금지청구권의 양도를 제한하는 등의 특별한 사정이 없다면 양도된 영업이 다시 동일성을 유지한 채 전전양도될 때 영업양수인의 경업금지청구권은 영업재산의 일부로서 영업과 함께 그 뒤의 영업양수인에게 전전양도되고, 그에 수반하여 지명채권인 경업금지청구권의 양도에 관한 통지권한도 전전이전된다(대판 2022.11.30. 2021다227629).

정답 ⑤

04 상호속용 영업양수인의 책임에 관한 다음 설명 중 옳지 않은 것은? (다툼이 있는 경우 판례에 의함)

① 상호속용 영업양수인이라 하더라도 양도인의 영업자금과 관련한 피보증인의 지위를 승계하지는 않는다.

② 상호 속용 영업양수인이 변제책임을 지는 채무는 양도인의 영업으로 인한 채무로서 영업양도 당시의 상호를 사용하는 동안 발생한 채무에 한정된다.

③ 채권자가 영업양도인에 대한 채권을 타인에게 양도했다는 사정만으로 영업양수인에 대한 채권까지 당연히 함께 양도된 것이라고 단정할 수 없고, 함께 양도된 경우라도 채권양도의 대항요건은 채무자별로 갖추어야 한다.

④ 상호 자체가 아닌 옥호, 영업표지인 경우에도 영업주체를 나타내는 경우 상호속용 영업양수인의 책임이 유추적용된다.

⑤ 영업임대차의 경우에는 상호속용 영업양수인의 책임이 유추적용되지 않는다.

해설

② [×] 상호 속용 영업양수인이 변제책임을 지는 채무는 양도인의 영업으로 인한 채무로서 영업양도 전에 발생한 것이면 족하고, 반드시 영업양도 당시의 상호를 사용하는 동안 발생한 채무에 한하는 것은 아니다(대판 2010.9.30. 2010다35138).

정답 ②

05 상호속용 영업양수인의 책임에 관한 다음 설명 중 옳은 것은? (다툼이 있는 경우 판례에 의함)

① 상호속용 영업양수인의 책임은 영업양도 사실을 알았던 채권자에게는 적용되지 않는다.

② 영업양도인의 채권자가 영업양도 이후에 영업양도인을 상대로 확정판결을 받았다면 영업양도인에 대한 관계에서의 소멸시효 중단 또는 소멸시효 기간 연장의 효과는 상호를 속용하는 영업양수인에게도 미친다.

③ 상호속용 영업양수인의 책임은 양수인이 지체 없이 제3자에 대하여 책임이 없음을 통지한 경우에는 그 통지를 받은 제3자에게는 적용되지 않는다.

④ 상호속용 영업양수인의 책임과 관련하여 채권자가 선의라는 점에 대한 주장·증명책임은 그 책임을 추궁하는 채권자에게 있다.

⑤ 채권자가 영업양도 무렵 채무인수 사실이 없음을 알지 못한 경우에는 특별한 사정이 없는 한 상법 제42조 제1항에 따른 영업양수인의 변제책임이 발생하고, 이후 채권자가 채무인수 사실이 없음을 알게 되었다고 하더라도 이미 발생한 영업양수인의 변제책임이 소멸하는 것은 아니다.

해설

① [X] 영업양도에도 불구하고 채무인수의 사실이 없다는 것을 알고 있는 악의의 채권자에 대하여는 상법 제42조 제1항에 따른 책임이 발생하지 않는다(대판 2022.4.28. 2021다305659).

② [X] 영업양도인의 채권자가 영업양도 이후에 영업양도인을 상대로 확정판결을 받았다면 영업양도인에 대한 관계에서의 소멸시효 중단 또는 소멸시효 기간 연장의 효과는 상호를 속용하는 영업양수인에게 미치지 않는다(대판 2023.12.7. 2020다225138).

③ [X] 상호속용 영업양수인의 책임은 양도인과 양수인이 지체 없이 제3자에 대하여 양도인의 채무에 대한 책임이 없음을 통지한 경우에는 그 통지를 받은 제3자에게는 적용되지 않는다(제42조 제2항).

④ [X] 상호를 속용하는 영업양수인의 책임은 채권자의 외관신뢰를 보호하기 위한 것이므로, 영업양도에도 불구하고 채무승계의 사실 등이 없다는 것을 알고 있는 악의의 채권자가 아닌 한, 당해 채권자가 비록 영업의 양도가 이루어진 것을 알고 있었다고 하더라도 그러한 사정만으로 보호의 적격이 없다고는 할 수 없고, 이 경우 당해 채권자가 악의라는 점에 대한 주장·증명책임은 상법 제42조 제1항에 의한 책임을 면하려는 영업양수인에게 있다(대판 2009.1.15. 2007다17123,17130).

정답 ⑤

06 상행위에 관한 다음 설명 중 옳지 않은 것은? (다툼이 있는 경우 판례에 의함)

① 상인이 영업과 상관없이 개인 자격에서 돈을 투자하는 행위는 상인의 기존 영업을 위한 보조적 상행위로 볼 수 없다.

② 이익배당이나 중간배당은 회사 이익을 내부적으로 주주에게 분배하는 행위로서 회사가 영업으로 또는 영업을 위하여 하는 상행위가 아니다.

③ 상행위로 인한 원본채권 및 그에 대한 지연손해금 지급을 명하는 이행판결이 확정된 경우 확정판결에서 지급을 명한 지연손해금도 상행위로 인한 채권이므로, 그 지연손해금에 대하여는 상법 제54조에 정한 상사법정이율인 연 6%의 비율을 적용하여야 한다.

④ 상인이 기본적 영업활동을 종료하거나 폐업신고를 한 경우 청산사무나 잔무처리 행위는 보조적 상행위에 해당하지 않는다.

⑤ 음식점업을 영위하는 상인이 부동산중개업을 영위하는 상인에게 금원을 대여한 행위는 영업을 위하여 하는 것으로 추정되고, 그 금전대여행위가 상호 고율의 이자소득을 얻기 위한 목적으로 행하여졌다는 사정만으로는 위 추정이 번복된다고 볼 수 없다.

해설

④ [✗] 상인이 기본적 영업활동을 종료하거나 폐업신고를 하였더라도 청산사무나 잔무처리 행위 역시 영업을 위한 행위로서 보조적 상행위로 볼 수 있다. 피고들이 폐업신고 이후 원고에게 이 사건 대여금채권에 관하여 공정증서를 작성하여 준 행위는 유체동산 가압류에 대한 대응 및 폐업에 따른 청산사무 또는 잔무를 처리하는 보조적 상행위에 해당한다고 볼 수 있다(대판 2021.12.10. 2020다295359).

정답 ④

07 상행위 및 상사소멸시효에 관한 설명 중 옳지 않은 것은? (다툼이 있는 경우 판례에 의함)

① 회사가 한 행위는 그 영업을 위하여 한 것으로 추정되고, 이와 같은 추정을 번복하기 위해서는 회사의 행위가 영업을 위하여 한 것이 아니라는 사실을 주장하는 사람이 이를 증명할 책임이 있다.

② 상인이 영업을 위하여 하는 보조적 상행위로 인한 채권도 5년의 소멸시효기간이 적용되는 상사채권에 해당한다.

③ 투자계약에서 투자대상회사의 의무불이행이 있는 때에 투자 회사에게 다른 기존 주주인 회사를 상대로 한 주식매수청구권을 부여한 경우, 이러한 주식매수청구권은 상사소멸시효에 관한 상법 제64조를 유추적용 하여 5년의 제척기간이 지나면 소멸한다.

④ 매매계약이 상행위인 경우 매도인의 채무불이행책임이나 하자담보책임에 기한 매수인의 손해배상채권에 대해서도 상사소멸시효가 적용된다.

⑤ 한국토지주택공사가 회사로부터 토지보상법에 따른 협의취득절차로서 매수한 토지에 하자가 있다고 주장하면서 제기한 손해배상청구에는 10년의 소멸시효가 적용된다.

해설

⑤ [✗] 매매계약이 상행위인 경우 매도인의 채무불이행책임이나 하자담보책임에 기한 매수인의 손해배상채권에 대해서도 상사소멸시효가 적용된다. 상인이 부동산을 매도하기 위해 체결한 매매계약은 영업을 위하여 한 것으로 추정되고, 그와 같은 추정은 매매계약이 토지보상법에 의한 협의취득이라는 사정만으로 번복되지 않는다. 한국토지주택공사가 회사로부터 토지보상법에 따른 협의취득절차로서 매수한 토지에 하자가 있다고 주장하면서 제기한 손해배상청구에 상사소멸시효가 적용된다(대판 2022.7.14. 2017다242232).

정답 ⑤

08 상사소멸시효에 관한 다음 설명 중 옳지 않은 것은? (다툼이 있는 경우 판례에 의함)

① 근로계약상 보호의무 위반에 따른 근로자의 손해배상청구권은 특별한 사정이 없는 한 10년의 민사 소멸시효기간이 적용된다.

② 주채무자에 대한 확정판결에 의하여 민법 제163조 각 호의 단기소멸시효에 해당하는 주채무의 소멸시효기간이 10년으로 연장된 상태에서 주채무를 보증한 경우, 특별한 사정이 없는 한 보증 채무에 대하여는 민법 제163조 각 호의 단기소멸시효가 적용될 여지가 없고, 성질에 따라 보증인에 대한 채권이 민사채권인 경우에는 10년, 상사채권인 경우에는 5년의 소멸시효기간이 적용된다.

③ 사업장 마련을 위해 전대차계약을 체결하고자 권리금과 보증금을 지급하였으나 끝내 계약이 성립되지 않은 경우 권리금과 보증금 반환채권은 5년의 상사소멸시효가 적용된다.

④ 甲주식회사가 채무자 재산에 관한 경매사건 배당절차에서 배당금을 수령한 乙을 상대로 부당이득반환을 청구하는 경우, 5년의 상사소멸시효기간이 적용된다.

⑤ 주식회사의 이사 또는 감사의 회사에 대한 임무해태로 인한 손해배상책임은 일반불법행위 책임이 아니라 위임관계로 인한 채무불이행 책임이므로 그 소멸시효기간은 일반채무의 경우와 같이 10년이라고 보아야 한다.

해설

④ [X] 甲주식회사가 채무자 재산에 관한 경매사건 배당절차에서 가지는 권리를 乙이 침해하였다고 주장하며 乙이 수령한 배당금에 대하여 부당이득반환을 청구하는 경우, 이러한 부당이득반환청구권은 상행위인 계약에 기초하여 이루어진 급부 자체의 반환을 구하는 것이 아니고, 甲회사와 乙의 법률관계를 상거래 관계와 같은 정도로 신속하게 해결할 필요성이 없으므로 10년의 민사소멸시효기간이 적용되어야 한다(대판 2019.9.10. 2016다271257).

정답 ④

09 상사질권에 관한 다음 설명 중 옳지 않은 것은? (다툼이 있는 경우 판례에 의함)

① 상행위로 인한 채권을 담보하는 질권에는 유질계약이 가능하다.

② 상법상 유질계약은 묵시적 약정에 의해서도 성립될 수 있다.

③ 유질약정이 포함된 질권설정계약이 체결된 경우 질권 실행방법이나 절차는 원칙적으로 질권설정계약에서 정한 바에 따른다.

④ 채권자가 비상장주식에 대한 유질약정을 근거로 일반적인 여러 비상장주식 가격 산정방식 중 하나를 채택하여 처분가액을 산정한 경우, 나중에 합리적인 가격이 아니었다고 인정되더라도, 채권자와 처분상대방 사이에서 채권자의 처분행위는 유효하다.

⑤ 상법상 유질계약은 일방적 상행위로 생긴 채권을 담보하기 위한 질권에도 가능하나 그 경우 적어도 질권설정자는 상인이어야 한다.

해설

⑤ [X] 질권설정계약에 포함된 유질약정이 상법 제59조에 따라 유효하기 위해서는 질권설정계약의 피담보채권이 상행위로 인하여 생긴 채권이면 충분하고, 질권설정자가 상인이어야 하는 것은 아니다. 또한 상법 제3조는 "당사자 중 그 1인의 행위가 상행위인 때에는 전원에 대하여 본법을 적용한다."라고 정하고 있으므로, 일방적 상행위로 생긴 채권을 담보하기 위한 질권에 대해서도 유질약정을 허용한 상법 제59조가 적용된다(대판 2017.7.18. 2017다207499).

정답 ⑤

10 다음 설명 중 옳지 않은 것은? (다툼이 있는 경우 판례에 의함)

① 상호계산이란 상인 간에 상시 거래관계가 있는 경우 일정기간의 거래로 인한 채권채무의 총액에 관하여 상계하고 그 잔액을 지급할 것을 내용으로 하는 계약을 말한다.

② 어음 기타의 상업증권으로 인한 채권채무를 상호계산에 포함시킨 경우 그 증권채무자가 변제하지 아니한 때에는 그 채무의 항목을 상호계산에서 제거할 수 있다.

③ 상호계산의 경우 상계로 인한 잔액에 대하여는 채권자는 계산폐쇄일 이후의 법정이자를 청구할 수 있다.

④ 원고가 피고에게 물품을 공급하고 피고가 이를 가공하여 원고에게 납품하면서 그 가공비를 원고 물품대금에서 공제하는 방식으로 계속적 거래를 한 경우 원고가 구하는 물품대금 채권에 대하여 피고의 채무 승인이 있었다고 볼 수 있다.

⑤ 상호계산에 편입된 채권에 대해서는 이행지체와 소멸시효 진행이 발생하지 않고, 편입되지 않은 채권과 편입된 채권 사이의 상계가 허용되지 않는다.

해설

① [X] 상호계산이란 상인간 또는 상인과 비상인간에 상시 거래관계가 있는 경우 일정기간의 거래로 인한 채권채무의 총액에 관하여 상계하고 그 잔액을 지급할 것을 내용으로 하는 계약을 말한다(제72조).

정답 ①

11 숙박업에 관한 설명 중 옳지 않은 것은?

① 숙박계약은 일시사용을 위한 임대차계약에 해당하므로 숙박계약에 따라 고객이 객실을 사용·수익하던 중 발생 원인이 밝혀지지 않은 화재로 인하여 객실에 손해가 발생하는 경우 고객은 화재가 자기가 책임질 수 없는 사유로 인한 것이라는 증명을 하지 못하면 목적물 반환의무의 이행불능으로 인한 손해배상책임을 진다.

② 숙박업자가 주차장에 차량출입통제시설이나 인원을 따로 두지 않았다면, 투숙객이 숙박업자에게 주차사실을 고지하거나 차량열쇠를 보관시키는 등 명시적·묵시적인 방법으로 주차차량 관리를 맡겼다는 사정이 없는 한, 숙박업자에게 선관주의로 주차차량을 관리할 책임이 있다고 할 수 없다.

③ 숙박업자가 고객에 대하여 부담하는 손해배상책임은 숙박업자가 임치물을 반환하거나 고객이 휴대물을 가져간 후 6개월이 지나면 소멸시효가 완성한다.

④ 숙박업자는 고객의 안전을 배려하여야 할 보호의무를 지며 이러한 의무는 숙박계약의 특수성을 고려하여 신의칙상 인정되는 부수적 의무로서 숙박업자가 이를 위반하여 고객의 생명, 신체를 침해하여 손해를 입힌 경우 불완전이행으로 인한 채무불이행책임을 진다

⑤ 숙박업자는 고객으로부터 임치받지 않은 경우에도 고객의 시설 내 휴대 물건이 숙박업자 또는 사용인의 과실로 멸실, 훼손된 경우 손해배상책임을 부담한다.

해설

① [X] 임차인이 임대차기간 중 목적물을 직접 지배함을 전제로 한 임대차 목적물 반환의무 이행불능에 관한 법리는 숙박계약에 그대로 적용될 수 없다. 고객이 숙박계약에 따라 객실을 사용·수익하던 중 발생 원인이 밝혀지지 않은 화재로 인하여 객실에 발생한 손해는 특별한 사정이 없는 한 숙박업자의 부담으로 귀속된다고 보아야 한다(대판 2023.11.2. 2023다244895).

정답 ①

12 법인격남용에 관한 다음 설명 중 옳지 않은 것은? (다툼이 있는 경우 판례에 의함)

① 법인격남용에 해당하기 위해서는 자회사의 법인격이 모회사에 대한 법률적용을 회피하기 위한 수단으로 사용되거나 채무면탈이라는 위법한 목적 달성을 위해 회사제도를 남용하는 등의 주관적 의도 또는 목적이 인정되어야 한다.

② 법인격 남용의 법리는 어느 회사가 이미 설립되어 있는 다른 회사 가운데 기업의 형태·내용이 실질적으로 동일한 회사를 채무를 면탈할 의도로 이용한 경우에도 적용된다.

③ 법인격남용에 해당하는 경우 기존회사에 대한 소멸시효가 완성되지 않은 상태에서 신설회사가 기존회사와 별도로 자신에 대하여 소멸시효가 완성되었다고 주장하는 것 역시 신의성실의 원칙상 허용될 수 없다.

④ A회사 자산이 정당한 대가를 지급한 B회사에게 이전되었다가 B회사로부터 A회사와 기업의 형태·내용이 실질적으로 동일한 C회사로 이전된 경우에는 A회사의 채무를 면탈할 의도나 목적, 기존회사의 경영상태, 자산상황 등 여러 사정을 종합적으로 고려하여 회사제도를 남용한 것으로 판단되더라도, A회사의 채권자는 C회사에 채무 이행을 청구할 수 없다.

⑤ 甲회사가 채무면탈이라는 위법목적을 달성하기 위해 乙회사를 설립한 경우, 甲회사에 대한 채권자의 채권 중 일부가 乙회사 설립 이후에 발생한 경우에도 그러한 채권에 대하여 乙회사가 甲회사와 별개의 법인격을 주장하는 것은 신의성실의 원칙상 허용될 수 없다.

해설

④ [×] 甲 주식회사의 채권자인 乙이, 丙 주식회사는 甲 회사의 채무를 면탈하기 위하여 설립된 회사이므로 법인격이 부인되어야 한다고 주장하며, 丙 회사를 상대로 채무의 이행을 구한 사안에서, 제반 사정에 비추어 甲 회사가 채무면탈의 의도로 기업의 형태·내용이 실질적으로 동일한 丙 회사를 설립하였다고 보이므로, 丙 회사가 甲 회사의 채권자인 乙에 대해 甲 회사와 별개의 법인격을 가지고 있음을 주장하는 것은 신의성실의 원칙상 허용될 수 없다(대판 2021.3.25. 2020다275942).

정답 ④

13 조직변경에 관한 다음 설명 중 옳지 않은 것은? (다툼이 있는 경우 판례에 의함)

① 주식회사는 총주주동의에 의한 주주총회결의로 유한회사, 유한책임회사로 변경할 수 있다.

② 주식회사가 조직변경을 하려면 채권자보호절차를 거쳐야 한다.

③ 유한회사, 유한책임회사가 주식회사로 조직변경을 하려면 법원의 인가를 얻어야 한다.

④ 유한회사가 소송을 제기한 후 소송계속 중 주식회사로 조직변경을 하는 경우 조직이 변경된 주식회사가 소송절차를 수계하여야 한다.

⑤ 유한회사가 주식회사로 조직변경을 하는 경우 조직변경 이후의 주식회사의 자본금총액이 그 이전 유한회사의 순 재산액보다 많아질 수 없다.

해설

④ [×] 유한회사가 소송을 제기한 후 소송계속 중 주식회사로 조직변경을 하는 경우 소송절차가 중단되지 아니하므로 조직이 변경된 주식회사가 소송절차를 수계할 필요가 없다. 이는 당사자표시정정사유에 해당한다(대판 2021.12.10. 2021후10855).

정답 ④

14 A는 甲회사가 발행하는 종류주식을 인수하면서 甲회사가 연구개발 중인 제품을 일정 기한 내에 국가기관에 등록하지 못한 경우 신주인수계약을 무효로 하고 甲회사와 대표이사 B가 A의 종류주식 인수금액 전액을 A에게 반환하기로 하는 내용의 투자금반환약정을 甲회사 및 B와 체결하였다. 甲회사가 기한 내에 제품 등록을 하지 못하자 A는 甲회사와 B를 상대로 위 약정에 따른 투자금반환을 청구하였다. 다음 설명 중 옳지 않은 것은? (다툼이 있는 경우 판례에 의함)

① 회사가 일부 주주에게만 우월한 권리나 이익을 부여하기로 하는 약정은 주주평등의 원칙에 반하여 특별한 사정이 없는 한 무효이다.

② 甲회사 대표이사 B와의 법률관계에는 주주평등원칙이 직접 적용되지 않아서 투자금반환약정은 유효하다.

③ 甲회사가 A와 체결한 투자금반환약정은 주주평등원칙에 반하여 무효이나, 甲회사 총주주의 동의가 있는 경우에는 유효하다.

④ A와 甲회사가 甲회사의 특정사항에 대한 의사결정과 관련하여 다른 주주들에게는 인정되지 않는 사전 동의를 A로부터 받기로 약정한 경우 이러한 차등적 취급을 정당화할 수 있는 특별한 사정이 있다면 위와 같은 사전 동의 약정은 유효할 수 있다.

⑤ A와 甲회사가 甲회사의 특정사항에 대한 의사결정과 관련하여 다른 주주들에게는 인정되지 않는 사전 동의를 A로부터 받기로 약정하면서 사전 동의 약정 위반의 경우 甲회사가 위약금을 지급하기로 한 경우, 이러한 위약금 약정이 주주평등원칙에 위배되어 무효라고 단정할 수 없다.

해설

③ [×] 주주에게 투하자본의 회수를 절대적으로 보장하는 취지의 금전지급약정은 회사의 자본적 기초를 위태롭게 하고 주주로서 부담하는 본질적 책임에서조차 벗어나게 하여 특정 주주에게 상법이 허용하는 범위를 초과하는 권리를 부여하는 것으로서 법질서가 허용하지 않는 강행법규 위반에 해당하므로, 이에 대하여 주주 전원의 동의를 받았다고 하더라도 무효이다(대판 2023.7.27. 2022다290778).

정답 ③

15 주식양도 제한에 관한 다음 설명 중 옳지 않은 것은? (다툼이 있는 경우 판례에 의함)

① 정관의 규정으로 주식의 양도를 제한하는 경우에도 주식양도를 전면적으로 금지하는 규정을 둘 수 없다.

② 회사의 설립일로부터 5년 동안 주식의 전부 또는 일부를 다른 당사자 또는 제3자에게 매각·양도할 수 없다는 내용을 정관으로 규정하였더라도 무효이다.

③ 주식의 양도에 관하여 이사회의 승인을 얻어야 하는 경우에 주식을 취득하지 못한 양수인이 회사에 대하여 주식매수청구를 하더라도 이는 아무런 효력이 없고, 사후적으로 양수인이 주식취득의 요건을 갖추게 되더라도 하자가 치유될 수는 없다.

④ 주주 사이에서 주식의 양도를 일부 제한하는 약정을 한 경우, 그 약정은 주주의 투하자본회수 가능성을 전면적으로 부정하는 것이 아니고, 선량한 풍속 그 밖의 사회질서에 반하지 않는다면 당사자 사이에서는 원칙적으로 유효하다.

⑤ 주주협약에서 주식양도를 위해 출자자 전원의 동의를 요구하면서, 그와 별도로 출자자의 우선매수권을 규정하는 것은 사실상 주식양도를 전면적으로 금지하는 것으로서 무효이다.

⑤ [X] 주주 사이에서 주식의 양도를 일부 제한하는 약정을 한 경우, 그 약정은 주주의 투하자본회수 가능성을 전면적으로 부정하는 것이 아니고, 선량한 풍속 그 밖의 사회질서에 반하지 않는다면 당사자 사이에서는 원칙적으로 유효하다. 주주 사이의 계약으로 주식양도에 출자자 전원의 동의를 요구하면서, 그와 별도로 출자자의 우선매수권을 규정하는 것은 유효하다(대판 2022.3.31. 2019다274639).

정답 ⑤

16 다음 설명 중 옳지 않은 것은? (다툼이 있는 경우 판례에 의함)

① 주권발행 전 주식의 양도인이 제3자에 대한 대항요건을 갖추어 주지 아니하고 이를 타에 처분한 경우 형법상 배임죄가 성립한다.

② 위탁매매인이 위탁물의 판매대금을 임의로 사용한 경우 횡령죄가 성립한다.

③ 공정증서원본에 기재된 사항에 취소사유인 하자가 있을 뿐인 경우, 취소되기 전에 공정증서원본에 기재된 이상, 그 기재는 공정증서원본의 불실기재에 해당하지는 않는다.

④ 주권은 유가증권으로서 재물에 해당되므로 횡령죄 객체가 될 수 있으나, 자본의 구성단위 또는 주주권을 의미하는 주식은 재물이 아니므로 횡령죄 객체가 될 수 없다.

⑤ 익명조합의 영업자가 영업이익금 등을 임의로 소비하였더라도 횡령죄가 성립하지 않는다.

① [X] 주권발행 전 주식에 대한 양도계약에서의 양도인은 양수인에 대하여 그의 사무를 처리하는 지위에 있지 아니하여, 양도인이 위와 같은 제3자에 대한 대항요건을 갖추어 주지 아니하고 이를 타에 처분하였다 하더라도 형법상 배임죄가 성립하는 것은 아니다(대판 2020.6.4. 2015도6057).

정답 ①

17 자기주식에 관한 다음 설명 중 옳지 않은 것은? (다툼이 있는 경우 판례에 의함)

① 회사가 제3자 명의로 주식을 취득하더라도 주식 취득대금이 회사가 출연한 것이고, 주식보유에 따른 손익이 회사에 귀속되면 회사 계산으로 주식을 취득한 것에 해당하고, 자기주식취득에 해당한다.

② 상법상 요건 및 절차에 의하지 않은 자기주식취득 약정은 무효이다.

③ 회사가 특정 주주와 특정금액으로 주식을 매수하기로 약정함으로써 사실상 매수청구를 할 수 있는 권리를 부여하여 주주가 권리를 행사하는 경우 회사는 상법 제341조의2 제4호에 따라 자기주식을 취득할 수 있다.

④ 상법 제341조 제1항 단서는 자기주식 취득가액 총액이 배당가능이익을 초과해서는 안 된다는 것일 뿐 차입금으로 자기주식을 취득하는 것이 허용되지 않는다는 것을 의미하지는 않는다.

⑤ 회사가 자기주식을 처분하는 경우 처분할 주식의 종류와 수, 처분가액과 납입기일, 처분 상대방 및 처분방법으로서 정관에 규정이 없는 것은 이사회가 결정한다.

③ [X] 주주가 주식매수청구권을 행사하는 경우에는 제341조의2 제4호에 따라 회사가 제한 없이 자기주식을 취득할 수 있으나, 회사가 특정 주주와 사이에 특정한 금액으로 주식을 매수하기로 약정함으로써 사실상 매수청구를 할 수 있는 권리를 부여하여 주주가 그 권리를 행사하는 경우는 제341조의2 제4호가 적용되지 않으므로, 제341조에서 정한 요건 하에서만 회사의 자기주식취득이 허용된다(대판 2021.10.28. 2020다208058).

정답 ③

18 다음 설명 중 옳지 않은 것은? (다툼이 있는 경우 판례에 의함)

① 명의개서가 이루어졌다고 하여 무권리자가 주주가 되는 것은 아니고, 명의개서가 이루어지지 않았다고 해서 주주가 그 권리를 상실하는 것도 아니다.

② 위조된 주식매매계약서에 의해 타인 앞으로 명의개서가 된 주주 甲은 회사를 상대로 자신의 주주권의 확인을 구하는 확인의 소를 제기할 수 있다.

③ 회사와 주주 사이에서 주식의 소유권, 즉 주주권의 귀속이 다투어지는 경우에는 회사가 주주명부에 주주로 기재된 자를 상대로 주주가 아니라는 확인의 소를 제기할 수 있다.

④ 주주명부 기재를 마치지 않고도 회사에 주주권을 행사할 수 있는 경우는 주주명부 기재 또는 명의개서청구가 부당하게 지연되거나 거절되었다는 등의 예외적인 경우에 한한다.

⑤ 주식을 취득한 자는 특별한 사정이 없는 한 점유하고 있는 주권의 제시 등의 방법으로 자신이 주식을 취득한 사실을 증명함으로써 회사에 대하여 단독으로 그 명의개서를 청구할 수 있다.

② [X] 위조된 주식매매계약서에 의해 타인 앞으로 명의개서가 된 주주 甲이 회사를 상대로 자신의 주주권의 확인을 구하는 것은 甲의 권리 또는 법률상 지위에 현존하는 불안·위험을 제거하는 유효·적절한 수단이 아니거나 분쟁의 종국적 해결방법이 아니어서 확인의 이익이 없다(대판 2019.5.16. 2016다240338).

정답 ②

19 다음 설명 중 틀린 것은? (다툼이 있는 경우 판례에 의함)

① 회사 성립 후 또는 신주의 납입기일 후 6개월이 경과한 주권발행 전의 주식에 대한 주식양도계약이 해제되면 계약의 이행으로 이전된 주식은 당연히 양도인에게 복귀한다.

② 주주는 회사를 상대로 주주명부 열람·등사를 청구할 수 있고, 회사의 이행보조자 또는 수임인에 불과한 명의개서대리인에게 직접 주주명부 열람·등사를 청구할 수는 없다.

③ 주식양도인 또한 특별한 사정이 없는 한 회사에 대하여 주식양수인 명의로의 명의개서를 이행할 것을 청구할 수 있다.

④ 주권이 발행되어 있는 주식을 양수한 자는 주권을 제시하여 양수사실을 증명함으로써 회사에 대해 단독으로 명의개서를 청구할 수 있다.

⑤ 주권이 발행된 주식을 취득한 자가 주권을 제시하여 명의개서를 신청하고, 그 신청에 관하여 주주명부를 작성할 권한 있는 자가 형식적 심사의무를 다하여 이루어진 명의개서는 특별한 사정이 없는 한 적법하다.

③ [X] 주식 양도인은 다른 특별한 사정이 없는 한 회사에 대하여 주식 양수인 명의로 명의개서를 하여 달라고 청구할 권리가 없다. 이러한 법리는 주권이 발행되어 주권의 인도에 의하여 기명주식이 양도되는 경우뿐만 아니라, 회사 성립 후 6월이 경과하도록 주권이 발행되지 아니하여 양도인과 양수인 사이의 의사표시에 의하여 기명주식이 양도되는 경우에도 동일하게 적용된다(대판 2010.10.14. 2009다89665).

정답 ③

20 소수주주의 주주총회소집과 관련된 설명 중 틀린 것은? (다툼이 있는 경우 판례에 의함)

① 임시총회소집청구서에 기재된 회의 목적사항과 소집이유가 이사회에 제출된 청구서와 다른 경우 법원은 청구서의 소집이유에 맞추어 회의 목적사항을 수정하거나 변경할 수 있고, 신청인에게 이에 관한 의견진술 및 목적사항 수정·변경의 기회를 주어야 한다.

② 발행주식 총수의 3% 이상 주주는 회의 목적사항과 소집이유를 적은 서면 또는 전자문서를 이사회에 제출하여 임시총회 소집을 요청한 후 이사회가 소집을 거부하는 경우, 법원허가를 얻어 스스로 주주총회를 소집할 수 있다.

③ 甲회사의 소수주주가 임시주주총회 소집청구서를 카카오톡 메시지로 甲회사 대표이사 丙에게 발송하여 그 무렵 丙이 이를 수신하여 확인하였는데도 甲회사가 임시주주총회 소집절차를 밟지 않자, 소수주주가 법원에 주주총회 소집허가를 구한 경우 소수주주의 임시주주총회의 소집청구는 적법하다.

④ 법원의 총회소집허가를 받은 소수주주가 결정일로부터 상당한 기간이 지나도록 총회를 소집하지 않은 경우 총회소집권한이 소멸한다.

⑤ 정관상 주주총회 결의사항으로 '대표이사의 선임 및 해임'이 규정되어 있지 않더라도 소수주주는 이를 회의목적사항으로 삼아 주주총회소집허가 신청을 할 수 있다.

해설

⑤ [✕] 주주총회는 상법 또는 정관이 정한 사항에 한하여 결의할 수 있고(제361조), 대표이사는 정관에 특별한 정함이 없는 한 이사회 결의로 선임되므로(제389조), 정관에서 주주총회 결의사항으로 '대표이사의 선임 및 해임'을 규정하지 않은 경우에는 이를 회의목적사항으로 삼아 제366조에서 정한 주주총회소집허가 신청을 할 수 없다(대결 2022.4.19. 2022그501).

정답 ⑤

21 주식회사의 영업양도에 관한 다음 설명 중 틀린 것은? (다툼이 있는 경우 판례에 의함)

① 주식회사가 영업 전부 또는 중요 일부를 양도한 후 주주총회 특별결의가 없었다는 이유로 스스로 무효를 주장하더라도 주주 전원이 약정에 동의한 것으로 볼 수 있는 등 특별한 사정이 없다면 신의성실 원칙에 반하지 않는다.

② 주주는 주주총회의 결의를 통해서 이사를 해임하거나 일정한 요건에 따라 이사를 상대로 그 이사의 행위에 대하여 유지청구권을 행사하여 그 행위를 유지시키고 대표소송에 의하여 그 책임을 추궁하는 소를 제기하는 등 회사의 영업에 영향을 미칠 수 있으므로 주주가 회사가 체결한 영업양도계약의 무효 확인을 구할 이익이 인정된다.

③ 회사 재산의 처분으로 회사 영업의 양도나 폐지 상태에 이르게 되는 경우 주주총회 특별결의가 요구된다.

④ 중요재산 처분 당시 회사가 사실상 영업을 중단한 경우에는 주주총회 특별결의가 요구되지 않는데, 이 경우 영업의 중단이란 영업의 계속 포기, 일체의 영업활동의 중단으로 영업의 폐지에 준하는 상태를 말하고 일시적 영업활동 중지는 영업중단에 해당하지 않는다.

⑤ 회사의 영업양도에 반대하는 주주(의결권이 없거나 제한되는 주주를 포함)는 주주총회 전에 회사에 대하여 서면으로 그 결의에 반대하는 의사를 통지한 경우에는 그 총회의 결의일부터 20일 이내에 주식의 종류와 수를 기재한 서면으로 회사에 대하여 자기가 소유하고 있는 주식의 매수를 청구할 수 있다.

② [✕] 주식회사의 주주는 주식의 소유자로서 회사의 경영에 이해관계를 가지고 있기는 하지만, 직접 회사의 경영에 참여하지 못하고 주주총회의 결의를 통해서 이사를 해임하거나 일정한 요건에 따라 이사를 상대로 그 이사의 행위에 대하여 유지청구권을 행사하여 그 행위를 유지시키고 대표소송에 의하여 그 책임을 추궁하는 소를 제기하는 등 회사의 영업에 간접적으로 영향을 미칠 수 있을 뿐이다. 그러므로 주주가 회사의 재산관계에 대하여 법률상 이해관계를 가진다고 평가할 수 없고, 주주는 직접 제3자와의 거래관계에 개입하여 회사가 체결한 계약의 무효 확인을 구할 이익이 없다. 이러한 법리는 회사가 영업의 전부 또는 중요한 일부를 양도하는 계약을 체결하는 경우에도 마찬가지이다(대판 2022.6.9. 2018다228462,228479).

정답 ②

22 甲이 A회사 이사로 재직 중 A회사는 주주총회결의로 甲을 이사에서 해임하였다. 그런데 甲은 주주총회 이전에 이사회 승인 없이 A회사의 영업과 동종 영업을 하는 B주식회사를 설립하고 대표이사로 취임하였다. A회사의 이사해임결의 당시 A회사는 甲의 경업사실을 알지 못하여 이를 해임사유로 삼지 않았다. 다음 설명 중 틀린 것은? (다툼이 있는 경우 판례에 의함)

① 이사 해임의 '정당한 이유'란 주주와 이사 사이에 불화 등 단순히 주관적인 신뢰관계가 상실된 것만으로는 부족하고, 이사가 법령이나 정관에 위배된 행위를 하였거나 정신적·육체적으로 직무를 감당하기 현저하게 곤란한 경우, 회사의 중요한 사업계획 수립이나 추진에 실패하여 경영능력에 대한 근본적인 신뢰관계가 상실된 경우 등 경영자로서의 업무집행에 장해가 될 객관적 상황이 발생한 경우를 의미한다.

② 이사 해임은 주주총회의 특별결의에 의하므로, A회사의 주주총회 해임결의 당시 甲의 경업금지 의무 위반행위가 객관적으로 존재하였더라도 A회사의 주주총회에서 해임사유로 삼거나 참작하지 않은 이상 이를 기준으로 해임에 정당한 이유가 있었는지를 판단할 수는 없다.

③ 정당한 이유 없이 이사를 해임한 경우 회사가 이사에 대하여 부담하는 손해배상책임은 회사의 고의·과실을 묻지 않는 법정책임이다.

④ 甲은 A회사가 정당한 이유 없이 자신을 해임하였다는 점을 입증하여야 한다.

⑤ A회사 정관에서 이사의 임기는 3년을 초과하지 못한다고 규정한 경우 甲은 A회사를 상대로 임기 중에 정당한 이유 없이 해임되었음을 이유로 손해배상을 청구할 수 없다.

② [✕] 이사 해임에 정당한 이유가 있는지는 해임결의 당시 객관적으로 존재하는 사유로 판단할 수 있고, 주주총회에서 해임사유로 삼거나 해임결의 시 참작한 사유에 한정되지 않는다(대판 2023.8.31. 2023다220639).

정답 ②

23 다음 설명 중 옳지 않은 것은? (다툼이 있는 경우 판례에 의함)

① 주주총회결의 하자를 다투는 소에 있어서 청구인낙이나 결의의 부존재·무효를 확인하는 내용의 화해·조정은 할 수 없고, 이러한 내용의 청구인낙 또는 화해·조정이 이루어졌다 하여도 그 인낙조서나 화해·조정조서는 효력이 없다.

② 취소되는 주주총회 결의에 의해 선임된 대표이사가 취소 판결 전에 한 행위는 무효이고, 거래한 상대방은 상법 제39조 부실등기를 주장할 수 있다.

③ 주주총회결의의 부존재 또는 무효 확인을 구하는 소를 여러 사람이 공동으로 제기한 경우 청구를 기각하는 판결은 제3자에 대해 효력이 없지만 청구를 인용하는 판결은 제3자에 대해 효력이 있는 상법상 이러한 소송은 공동소송의 원칙적 형태인 통상공동소송에 해당한다.
④ 주주총회결의취소의 소가 제기된 경우에 결의의 내용, 회사의 현황과 제반사정을 참작하여 그 취소가 부적당하다고 인정한 때에는 법원은 청구를 기각할 수 있고, 이는 법원의 직권으로도 가능하다.
⑤ 주주총회결의의 부존재 또는 무효 확인을 구하는 소의 경우, 상법 제380조에 의해 준용되는 상법 제190조 본문에 따라 청구를 인용하는 판결은 제3자에 대하여도 효력이 있다.

해설

③ [✕] 주주총회결의의 부존재 또는 무효 확인을 구하는 소의 경우, 상법 제380조에 의해 준용되는 상법 제190조 본문에 따라 청구를 인용하는 판결은 제3자에 대하여도 효력이 있다. 이러한 소를 여러 사람이 공동으로 제기한 경우 당사자 1인이 받은 승소판결의 효력이 다른 공동소송인에게 미치므로 공동소송인 사이에 소송법상 합일확정의 필요성이 인정되고, 상법상 회사관계소송에 관한 전속관할이나 병합심리 규정도 당사자 간 합일확정을 전제로 하는 점 및 당사자의 의사와 소송경제 등을 함께 고려하면, 이는 민사소송법 제67조가 적용되는 필수적 공동소송에 해당한다(대판 2021. 7. 22. 2020다284977).

정답 ③

24 다음 설명 중 옳지 않은 것은? (다툼이 있는 경우 판례에 의함)

① 퇴임이사는 새로 선임된 이사가 취임하거나 일시 이사의 직무를 행할 자가 선임되면 별도의 주주총회 해임결의 없이 이사로서의 권리의무를 상실하게 된다.
② 퇴임이사 또는 퇴임대표이사의 지위에 있던 중 특정재산범죄로 유죄판결이 확정된 사람은 유죄판결 된 범죄행위와 밀접한 관련이 있는 회사의 퇴임이사 또는 퇴임대표이사로서의 권리의무를 상실한다.
③ 퇴임대표이사의 지위에 있던 중 재산범죄 유죄판결이 확정된 자가 이사회결의 없이 소집한 임시주주총회의 소집절차상의 하자는 취소사유가 아니라 결의부존재사유에 해당한다.
④ 상법 제385조 제1항에서 해임대상으로 정하고 있는 '이사'에는 '임기만료 후 이사로서의 권리의무를 행사하고 있는 퇴임이사'도 포함된다.
⑤ 대표이사는 이사회 결의로 대표이사직에서 해임되는 경우뿐만 아니라 주주총회 결의로 이사직에서 해임되는 경우에도 대표이사직을 상실하게 된다.

해설

④ [✕] 이사를 선임할 때와 달리 이사를 해임할 때에는 주주총회의 특별결의를 거치도록 하고, 임기가 정해진 이사가 임기만료 전에 정당한 이유 없이 해임된 때에는 회사에 대하여 손해배상을 청구할 수 있도록 하고 있다. 한편 임기만료로 퇴임한 이사라 하더라도 제386조 제1항 등에 따라 새로 선임된 이사의 취임 시까지 이사로서의 권리의무를 가지게 될 수 있으나(이하 '퇴임이사'라고 한다), 그와 같은 경우에도 새로 선임된 이사가 취임하거나 제386조 제2항에 따라 일시 이사의 직무를 행할 자가 선임되면 별도의 주주총회 해임결의 없이 이사로서의 권리의무를 상실하게 된다. 제385조 제1항에서 해임대상으로 정하고 있는 '이사'에는 '임기만료 후 이사로서의 권리의무를 행사하고 있는 퇴임이사'는 포함되지 않는다고 보아야 한다(대판 2021. 8. 19. 2020다285406).

정답 ④

25 다음 설명 중 옳지 않은 것은? (다툼이 있는 경우 판례에 의함)

① 주식회사의 이사나 감사를 피신청인으로 하여 그 직무집행을 정지하고 직무대행자를 선임하는 가처분이 있는 경우 특별한 사정이 없는 한 가처분결정으로 인하여 이사 등의 임기가 당연히 정지되거나 가처분결정이 존속하는 기간만큼 연장된다고 할 수 없다.

② 퇴임이사를 상대로 한 직무집행정지가처분 신청은 원칙적으로는 허용되지 않으나, 퇴임시 이사 원수가 충족된 경우에는 허용된다.

③ 이사직무집행정지가처분신청의 피신청인은 당해 이사이고, 회사는 피신청인 적격이 없다.

④ 자본금 총액이 10억 원 미만으로 감사를 선임하지 아니한 주식회사가 이사에 대하여 소를 제기하는 경우에 회사, 이사 또는 이해관계인은 법원에 회사를 대표할 자를 선임하여 줄 것을 신청하여야 하고, 이 경우 법원이 대표이사를 소송에서 회사를 대표할 자로 선임하였다는 등의 특별한 사정이 없는 이상 대표이사는 그 소송에 관하여 회사를 대표할 권한이 없다.

⑤ 직무대행자가 소집하는 정기주주총회 안건에 이사회구성의 변경이나 주주총회 특별결의사항 등 회사의 경영 및 지배에 영향을 미칠 수 있는 것이 포함되어 있더라도, 정기주주총회의 소집은 회사의 상무에 속하므로 직무대행자의 정기주주총회 소집은 적법하다.

해설

⑤ [✗] 직무대행자가 소집하는 정기주주총회 안건에 이사회구성의 변경이나 주주총회 특별결의사항 등 회사의 경영 및 지배에 영향을 미칠 수 있는 것이 포함되어 있다면 그 안건의 범위에서 정기주주총회의 소집은 상무에 속하지 않는다 (대판 2007.6.28. 2006다62362).

정답 ⑤

26 다음 설명 중 옳지 않은 것은? (다툼이 있는 경우 판례에 의함)

① 주식회사의 대표이사가 상법 제393조 제1항에 정한 '중요한 자산의 처분 및 양도, 대규모 재산의 차입 등의 행위'에 관하여 이사회의 결의를 거치지 않고 거래행위를 한 경우에도 거래행위의 효력에 관해서는 대표권의 내부적 제한의 경우와 마찬가지로 보아야 한다.

② 일정한 대외적 거래행위에 관하여 이사회결의를 거치도록 대표이사의 권한을 내부적으로 제한한 경우 특별한 사정이 없는 한 거래상대방으로서는 회사의 대표자가 거래에 필요한 회사의 내부절차를 마쳤을 것으로 신뢰하였다고 보는 것이 경험칙에 부합한다.

③ 대표이사가 권한에 기하여 신주를 발행한 이상 신주발행은 유효하고, 이사회결의가 없거나 하자가 있더라도 신주발행은 유효하다.

④ 일정한 대외적 거래행위에 관하여 이사회결의를 거치도록 대표이사의 권한을 내부적으로 제한하였음에도 대표이사가 이에 위반하여 이사회 결의 없이 제3자와 거래행위를 한 경우 제3자가 해당 거래에 관하여 이사회 결의가 있었는지를 확인하는 조치를 취하지 않았다면 회사는 제3자에 대하여 해당 거래의 무효를 주장할 수 있다.

⑤ 회사 정관이나 이사회 규정 등에서 이사회결의를 거치도록 대표이사의 대표권을 제한한 경우 선의의 제3자는 상법 제209조 제2항에 따라 보호된다. 거래행위의 상대방인 제3자가 보호받기 위하여 선의 이외에 무과실까지 필요하지는 않지만, 중대한 과실이 있는 경우에는 제3자의 신뢰를 보호할 만한 가치가 없다고 보아 거래행위가 무효라고 해석함이 타당하다.

④ [×] 회사 정관이나 이사회 규정 등에서 이사회 결의를 거치도록 대표이사의 대표권을 제한한 경우에도 선의의 제3자는 제209조 제2항에 따라 보호된다. 거래행위의 상대방인 제3자가 제209조 제2항에 따라 보호받기 위하여 선의 이외에 무과실까지 필요하지는 않지만, 중대한 과실이 있는 경우에는 제3자의 신뢰를 보호할 만한 가치가 없다고 보아 거래행위가 무효라고 해석함이 타당하다. 제3자가 회사 대표이사와 거래행위를 하면서 회사의 이사회 결의가 없었다고 의심할 만한 특별한 사정이 없다면, 일반적으로 이사회 결의가 있었는지를 확인하는 등의 조치를 취할 의무까지 있다고 볼 수는 없다(대판 2021.2.18. 2015다45451 전합).

정답 ④

27 감시의무에 관한 다음 설명 중 옳지 않은 것은? (다툼이 있는 경우 판례에 의함)

① 이사는 담당업무는 물론 대표이사나 업무담당이사의 업무집행을 감시할 의무가 있으므로 스스로 법령을 준수해야 할 뿐 아니라 대표이사나 다른 업무담당이사도 법령을 준수하여 업무를 수행하도록 감시·감독하여야 할 의무를 부담한다.

② 회사의 업무집행을 담당하지 않는 사외이사 등은 내부통제시스템이 전혀 구축되어 있지 않는데도 내부통제시스템 구축을 촉구하는 등의 노력을 하지 않거나 내부통제시스템이 구축되어 있더라도 제대로 운영되지 않는다고 의심할 만한 사유가 있는데도 이를 외면하고 방치하는 등의 경우에 감시의무 위반으로 인정될 수 있다.

③ 이사의 경영판단을 정당화할 수 있는 회사의 이익은 원칙적으로 회사가 실제로 얻을 가능성이 있는 구체적인 것이어야 하나, 회사가 부담하는 비용이나 위험에 상응하는 이익일 것까지 요구되는 것은 아니다.

④ 이사와 감사가 이사회에 출석하고 감사활동을 하는 등 기본적인 직무를 이행하지 않고, 회사를 실질적으로 운영하던 乙의 전횡과 유상증자대금 횡령 등 위법한 직무수행에 관한 감시·감독의무를 지속적으로 소홀히 한 경우, 이러한 이사와 감사의 임무해태와 乙의 유상증자대금 횡령으로 인한 회사의 손해 사이에 인과관계가 인정된다.

⑤ 고도로 분업화되고 전문화된 대규모 회사의 대표이사가 내부통제시스템을 구축하고 그것이 제대로 작동되기 위한 노력을 하지 않거나 내부통제시스템을 통한 감시·감독의무의 이행을 의도적으로 외면한 결과 다른 이사 등의 위법한 업무집행을 방지하지 못하였다면, 대표이사로서 회사 업무 전반에 대한 감시의무를 게을리 한 것이라고 할 수 있다.

③ [×] 이사의 경영판단을 정당화할 수 있는 이익은 원칙적으로 회사가 실제로 얻을 가능성이 있는 구체적인 것이어야 하고, 일반적이거나 막연한 기대에 불과하여 회사가 부담하는 비용이나 위험에 상응하지 않는 것이어서는 아니 된다(대판 2023.3.30. 2019다280481).

정답 ③

28 다음 설명 중 옳지 않은 것은? (다툼이 있는 경우 판례에 의함)

① 이사가 1명 또는 2명인 소규모 주식회사의 경우 이사가 자기 또는 제3자의 계산으로 회사와 거래를 하기 전에 주주총회에서 해당 거래에 관한 중요사실을 밝히고 주주총회의 승인을 받지 않았다면, 특별한 사정이 없는 한 그 거래는 무효이다.

② 자본금 10억 원 미만의 소규모 주식회사의 대표이사가 회사를 대표하여 파산신청을 할 경우 대표이사의 업무권한인 일상 업무에 속하지 않는 중요업무에 해당하므로 주주총회의 결의를 거쳐야 한다.

③ 이사의 자기거래에 대한 승인은 주주 전원의 동의가 있다거나 그 승인이 정관에 주주총회의 권한사항으로 정해져 있는 경우 등의 특별한 사정이 없는 한 이사회의 전결사항이므로, 이사회의 승인을 받지 못한 자기거래를 주주총회에서 사후적으로 승인하였더라도 무효이다.

④ 이사 등이 자기 또는 제3자 계산으로 회사와 거래를 하면서 사전에 상법 제398조에 따른 이사회 승인을 받지 않았다면 특별한 사정이 없는 한 그 거래는 무효이고, 사후에 이사회 승인을 받았더라도 특별한 사정이 없는 한 무효인 거래행위가 유효로 되는 것은 아니다.

⑤ 이사회의 승인이 필요한 이사와 회사의 거래에는 이사가 거래의 상대방이 되는 경우뿐만 아니라 상대방의 대리인이나 대표자로서 회사와 거래를 하는 경우도 해당된다.

해설

② [✕] 자본금 총액이 10억 원 미만으로 이사가 1명 또는 2명인 소규모 주식회사에서는 대표이사가 특별한 사정이 없는 한 이사회 결의를 거칠 필요 없이 파산신청을 할 수 있다. 소규모 주식회사는 각 이사(정관에 따라 대표이사를 정한 경우에는 그 대표이사를 말한다)가 회사를 대표하고 제393조 제1항에 따른 이사회의 기능을 담당하기 때문이다(대결 2021.8.26. 2020마5520).

정답 ②

29 이사의 손해배상책임 및 대표소송에 관한 다음 설명 중 옳지 않은 것은? (다툼이 있는 경우 판례에 의함)

① 이사가 주식소각 과정에서 법령을 위반하여 회사에 손해를 끼친 경우 감자무효판결의 확정여부와 관계없이 상법 제399조 제1항에 따라 회사에 대하여 손해배상책임을 부담한다.

② 주주가 상법 제403조 제2항에 따른 서면(이하 '제소청구서'라 한다)을 제출하지 않은 채 대표소송을 제기하거나 대표소송에서 제소청구서에 기재된 책임발생 원인사실과 전혀 무관한 사실관계를 기초로 청구를 하였다면 그 대표소송은 상법 제403조 제4항의 사유가 있다는 등의 특별한 사정이 없는 한 부적법하다.

③ 주주는 적법하게 제기된 대표소송 계속 중에 제소청구서의 책임발생 원인사실을 기초로 하면서 법적 평가만을 달리한 청구를 추가할 수도 있다.

④ 주식회사의 이사 또는 감사의 회사에 대한 임무 해태로 인한 손해배상책임은 위임관계로 인한 채무불이행책임이므로 그에 따른 손해배상채권에 민법 제766조 제1항의 단기소멸시효가 적용되지 않는다.

⑤ 주주가 상법 제403조 제2항에 따라 제출한 서면에 책임추궁 대상 이사의 성명이 기재되어 있지 않거나 책임발생 원인사실이 다소 개략적으로 기재되어 있는 경우 회사가 그 서면에 기재된 내용, 이사회의사록 등 회사 보유 자료 등을 종합하여 책임추궁 대상 이사, 책임발생 원인사실을 구체적으로 특정할 수 있다고 하더라도, 그러한 주주가 제기한 대표소송은 부적법하다.

해설

⑤ [✕] 상법 제403조 제2항에 따른 서면에 기재되어야 하는 '이유'에는 권리귀속주체인 회사가 제소 여부를 판단할 수 있도록 책임추궁 대상 이사, 책임발생 원인사실에 관한 내용이 포함되어야 한다. 다만 주주가 언제나 회사의 업무 등에 대해 정확한 지식과 적절한 정보를 가지고 있다고 할 수는 없으므로, 주주가 제403조 제2항에 따라 제출한 서면에 책임추궁 대상 이사의 성명이 기재되어 있지 않거나 책임발생 원인사실이 다소 개략적으로 기재되어 있더라도, 회사가 그 서면에 기재된 내용, 이사회의사록 등 회사 보유 자료 등을 종합하여 책임추궁 대상 이사, 책임발생 원인사실을 구체적으로 특정할 수 있다면, 그 서면은 제403조 제2항에서 정한 요건을 충족하였다고 보아야 한다(대판 2021.5.13. 2019다291399).

정답 ⑤

30 주주의 회계장부열람등사청구에 관한 다음 설명 중 옳지 않은 것은? (다툼이 있는 경우 판례에 의함)

① 주주의 회계장부열람등사청구의 경우 열람등사를 청구하는 이유를 뒷받침하는 구체적인 자료를 첨부하여야 한다.

② 회계장부열람등사를 청구한 주주가 제출한 이유 기재 자체로 그 내용이 허위이거나 목적이 부당함이 명백한 경우 등에는 열람·등사청구는 허용될 수 없고, 모색적 증거 수집을 위한 열람·등사청구도 허용될 수 없다.

③ 소수주주의 회계장부열람등사청구권은 회사에 대하여 회생절차가 개시되더라도 배제되지 않는다.

④ 주주의 열람등사권의 행사가 회사업무의 운영 또는 주주 공동이익을 해치거나, 취득정보를 경업에 이용할 우려가 있거나, 회사에 지나치게 불리한 시기에 행사하는 경우 등에는 정당한 목적을 결하여 부당한 것으로 인정된다.

⑤ 주주가 적대적 기업인수를 시도하고 있다는 사정만으로는 주주의 회계장부열람등사청구가 부당하다고 볼 수 없다.

해설

① [X] 주주가 제출하는 회계장부열람·등사청구서에 붙인 '이유'는 회사가 열람·등사에 응할 의무의 존부를 판단하거나 열람·등사에 제공할 회계장부와 서류의 범위 등을 확인할 수 있을 정도로 기재되면 충분하고, 그 이유가 사실일지도 모른다는 합리적 의심이 생기게 할 정도로 기재하거나 그 이유를 뒷받침하는 자료를 첨부할 필요는 없다(대판 2022.5.13. 2019다270163).

정답 ①

31 배당에 관한 다음 설명 중 옳지 않은 것은? (다툼이 있는 경우 판례에 의함)

① 주주의 이익배당청구권은 장차 이익배당을 받을 수 있다는 의미의 권리에 지나지 아니하여 이익잉여금처분계산서가 주주총회에서 승인됨으로써 이익배당이 확정될 때까지는 주주에게 구체적이고 확정적인 배당금지급청구권이 인정되지 아니한다.

② 정관에서 회사에 배당의무를 부과하면서 배당금 지급조건이나 배당금액 산정방식 등을 구체적으로 정하고 있어 각 주주에 대한 배당금액이 일의적으로 산정되고, 대표이사나 이사회의 판단에 따라 배당금 지급 여부나 시기, 배당금액 등을 달리 정할 수 있도록 하는 규정이 없는 경우에도 주주총회의 승인에 의해 이익배당이 확정될 때까지는 주주에게 구체적이고 확정적인 배당금지급청구권이 인정되지 아니한다.

③ 중간배당에 관한 이사회 결의가 있으면 중간배당금이 지급되기 전이라도 당해 영업연도 중 1회로 제한된 중간배당은 이미 결정된 것이고, 같은 영업연도 중 다시 중간배당에 관한 이사회 결의를 하는 것은 허용되지 않는다.

④ 이사회 결의로 주주의 중간배당금 지급청구권이 구체적으로 확정된 이상 그 청구권의 내용을 수정 내지 변경하는 내용의 이사회 결의도 허용될 수 없다.

⑤ 연 1회의 결산기를 정한 회사의 경우 정관에 정함이 있으면 이사회 결의로 중간배당을 실시할 수 있고 그 횟수는 영업연도 중 1회로 제한된다.

② [×] 정관에서 회사에 배당의무를 부과하면서 배당금 지급조건이나 배당금액 산정방식 등을 구체적으로 정하고 있어 그에 따라 개별 주주에게 배당할 금액이 일의적으로 산정되고, 대표이사나 이사회가 경영판단에 따라 배당금 지급 여부나 시기, 배당금액 등을 달리 정할 수 있도록 하는 규정이 없다면, 예외적으로 정관에서 정한 지급조건이 갖추어지는 때에 주주에게 구체적이고 확정적인 배당금지급청구권이 인정될 수 있다. 이러한 경우 회사는 주주총회에서 이익배당 결의를 하지 않았다거나 정관과 달리 이익배당을 거부하는 결의를 하였다는 사정을 들어 주주에게 이익배당금의 지급을 거절할 수 없다(대판 2022.8.19. 2020다263574).

정답 ②

32 A주식회사의 정관은 경영상 긴급한 자금조달을 위하여 필요한 경우 이사회결의로 주주 이외의 금융기관 등에 신주인수권부사채를 발행할 수 있는 것으로 정하고 있다. A회사는 2016. 6. 30. 사모 분리형 신주인수권부사채를 발행하였고, B회사는 50억 상당의 위 신주인수권부사채를 인수하였다. 당시 C는 A회사 주식 10%, A회사의 대표이사인 D는 A회사 주식 22%를 보유하고 있었다. D는 2016. 9.경 B회사로부터 신주인수권부사채의 신주인수권을 양수하였다. D가 2019. 10. 21. 신주인수권을 행사하자, A회사는 같은 날 보통주식 100,000주를 D에게 발행하였다. 신주인수권부사채 발행일로부터 6월 내 신주인수권부사채발행무효의 소가 제기된 적은 없다. C는 2019. 11. 19. A회사가 경영상 긴급한 자금조달의 필요성 없이 D의 경영권이나 지배권 강화 등을 목적으로 신주인수권부사채를 발행하였으므로 신주인수권부사채 발행과 D의 신주인수권 행사로 인한 신주 발행은 무효라고 주장하면서 신주발행무효의 소를 제기하였다. 다음 설명 중 옳지 않은 것은? (다툼이 있는 경우 판례에 의함)

① 신주인수권부사채 발행의 경우에도 주식회사의 물적 기초와 기존 주주들의 이해관계에 영향을 미친다는 점에서 신주발행과 유사하므로, 신주발행무효의 소에 관한 상법 규정이 유추적용된다.

② 신주인수권부사채 발행무효는 주주 등이 신주인수권부사채 발행일로부터 6월 내 소만으로 주장할 수 있고, 6월의 출소기간이 지난 뒤에는 새로운 무효 사유를 추가할 수 없다.

③ 신주인수권부사채에 부여된 신주인수권의 행사나 그로 인한 신주발행에 대해서는 신주발행무효의 소로써 다툴 수 있다. 이때에는 특별한 사정이 없는 한 신주인수권 행사나 그에 따른 신주발행에 고유한 무효 사유만 주장할 수 있고, 신주인수권부사채 발행이 무효라거나 그를 전제로 한 주장은 제기할 수 없다.

④ 회사가 대주주의 경영권이나 지배권 방어 목적으로 제3자에게 신주인수권부사채를 발행하였다면 신주인수권부사채의 발행은 무효가 될 수 있고, 이런 사유는 그 발행일로부터 6월 이내에 신주인수권부사채발행무효의 소로써 다툴 수 있다.

⑤ C가 제기한 신주발행무효의 소는 신주인수권부사채의 발행일로부터 6개월이 경과한 이후에 신주인수권부사채 발행 무효 사유만을 주장하는 것이므로 부적법하다.

⑤ [×] 대주주의 경영권이나 지배권 방어 목적으로 제3자에게 발행된 신주인수권부사채나 그에 부여된 신주인수권을 대주주가 양수한 다음 신주인수권부사채 발행일부터 6월이 지난 후 신주인수권을 행사하여 신주를 취득하였다면, 이는 회사가 경영상 목적 없이 대주주 등에게 신주를 발행한 것과 동일하므로, 신주인수권 행사나 그에 따른 신주발행에 고유한 무효 사유에 준하여 신주발행무효의 소로도 신주 발행의 무효를 주장할 수 있다. 이로써 위법한 신주인수권부사채 발행이나 그에 기한 신주발행을 다투는 주주의 제소권이 실질적으로 보호될 수 있다(대판 2022.10.27. 2021다201054).

정답 ⑤

33 다음 설명 중 옳지 않은 것은? (다툼이 있는 경우 판례에 의함)

① 합자회사 유한책임사원에게 업무집행권을 부여할 수 있으나 대표권을 부여할 수는 없다.

② 합자회사 업무집행사원의 권한상실을 선고하는 판결은 형성판결로서 그 판결 확정에 의하여 업무집행권이 상실되면 대표권도 함께 상실된다.

③ 합자회사에서 무한책임사원이 업무집행권한의 상실을 선고하는 판결로 인해 업무집행권을 상실한 후 그 무한책임사원이 합자회사의 유일한 무한책임사원이 되는 경우 해당 무한책임사원의 업무집행권이 부활한다.

④ 합자회사에서 무한책임사원들만으로 업무집행사원이나 대표사원을 선임하도록 정한 정관의 규정은 유효하고, 그 후의 사정으로 무한책임사원이 1인이 된 경우에도 특별한 사정이 없는 한 여전히 유효하다.

⑤ 무한책임사원 1인뿐인 합자회사의 업무집행사원에 대한 권한상실선고는 허용되지 않는다.

해설

③ [✕] 합자회사에서 업무집행권한 상실선고제도의 목적은 업무를 집행함에 현저하게 부적임하거나 중대한 의무위반행위가 있는 업무집행사원의 권한을 박탈함으로써 그 회사의 운영에 장애사유를 제거하려는 데 있다. 업무집행사원의 권한상실을 선고하는 판결은 형성판결로서 그 판결 확정에 의하여 업무집행권이 상실되면 그 결과 대표권도 함께 상실된다. 합자회사에서 무한책임사원이 업무집행권한의 상실을 선고하는 판결로 인해 업무집행권 및 대표권을 상실하였다면, 그 후 어떠한 사유 등으로 그 무한책임사원이 합자회사의 유일한 무한책임사원이 되었다는 사정만으로는 형성판결인 업무집행권한의 상실을 선고하는 판결의 효력이 당연히 상실되고 해당 무한책임사원의 업무집행권 및 대표권이 부활한다고 볼 수 없다(대판 2021.7.8. 2018다225289).

정답 ③

34 다음 설명 중 옳지 않은 것은? (다툼이 있는 경우 판례에 의함)

① 사망을 보험사고로 하는 보험계약에서 자살을 보험자의 면책사유로 규정하고 있는 경우, 피보험자가 우울장애로 자살을 한 것이라면, 그 사망은 피보험자의 고의에 의한 것으로서 우발적인 사고로서 보험사고인 사망에 해당되지 아니 한다.

② 계약자유의 원칙상 태아를 피보험자로 하는 상해보험계약은 유효하고, 보험계약에 따라 보험기간이 개시된 이상 출생 전이라도 태아가 보험사고로 상해를 입었다면 이는 보험기간 중에 발생한 보험사고에 해당한다.

③ '급격하고도 우연한 외래의 사고'는 상해 또는 사망의 원인이 피보험자의 신체적 결함, 즉 질병이나 체질적 요인 등에 기인한 것이 아닌 외부적 요인에 의해 초래된 모든 것을 의미한다. 이러한 사고의 외래성 및 상해 또는 사망이라는 결과와 사이의 인과관계는 보험금청구자에게 증명책임이 있다

④ 자동차책임보험약관이 기명피보험자의 승낙을 얻어 자동차를 사용·관리 중인 자도 피보험자로 정하고 있다면, 이러한 승낙피보험자의 행위로 인하여 보험사고가 발생한 경우 보험자가 보험자대위에 의하여 그 권리를 취득할 수 없다.

⑤ 피해자와 체결한 화재보험계약에 따라 보험금으로 피해자의 손해를 전부 보상한 화재보험자가 책임보험자에게 보험자대위로 직접청구를 하는 경우, 화재보험자는 직접청구권을 행사하는 다른 피해자들보다 우선하여 책임보험금을 지급받을 수 없고 특별한 사정이 없는 한 피해자들에 대한 책임보험금 지급이 이루어진 다음 책임보험 한도액에 남은 금액이 있다면 지급받을 수 있다.

① [×] 사망을 보험사고로 하는 보험계약에서 자살을 보험자의 면책사유로 규정하고 있는 경우에도 피보험자가 정신질환 등으로 자유로운 의사결정을 할 수 없는 상태에서 사망의 결과를 발생케 한 경우까지 포함하는 것은 아니므로, 피보험자가 자유로운 의사결정을 할 수 없는 상태에서 사망의 결과를 발생케 한 직접적인 원인행위가 외래의 요인에 의한 것이라면, 그 사망은 피보험자의 고의에 의하지 않은 우발적인 사고로서 보험사고인 사망에 해당할 수 있다(대판 2021.2.4. 2017다281367).

정답 ①

35 다음 설명 중 옳지 않은 것은? (다툼이 있는 경우 판례에 의함)

① 피해자의 직접청구권은 피보험자의 보험자에 대한 보험금청구권의 변형 내지는 이에 준하는 것이고, 피해자가 보험자에 대하여 가지는 손해배상청구권이 아니다.

② 피해자의 직접청구권에 대한 지연손해금에 관하여는 연 6%의 상사법정이율이 아닌 연 5%의 민사법정이율이 적용된다.

③ 법원이 보험자가 피해자에게 보상하여야 할 손해액을 산정하는 경우 자동차종합보험약관의 지급기준에 구속되지는 않는다.

④ 보험자가 피해자에게 책임보험금 일부를 지급함으로써 채무승인 사유가 발생하여 피해자의 보험자에 대한 직접청구권의 소멸시효가 중단되었더라도, 그 사유만으로 피해자의 가해자에 대한 손해배상채권의 소멸시효가 중단되지는 않는다.

⑤ 피해자의 직접청구권에 따라 보험자가 부담하는 손해배상채무와 피보험자의 손해배상채무는 연대채무관계에 있다.

① [×] 피해자의 직접청구권의 법적 성질은 보험자가 피보험자의 피해자에 대한 손해배상채무를 병존적으로 인수한 것으로서 피해자가 보험자에 대하여 가지는 손해배상청구권이고, 피보험자의 보험자에 대한 보험금청구권의 변형 내지는 이에 준하는 권리가 아니다(대판 2019.5.30. 2016다205243).

정답 ①

부록 Ⅱ

판례색인

[기타 판결]